난강망

전통 구전 명리학

欄 江 網

난강망

전통구전 명리학

傳統 口傳 命理學

이진우 지음

사주명리 추명을 위한

용신 전투론 소개

〈중고급편〉

좋은땅

머리말

《난강망 기본서》를 출간한 지 어느덧 세월이 흘러갔다. 그동안 많은 독자들이 질문과 비판을 해 준 점 감사드린다.

사주 추명은 정확도에 있다. 이론적인 지식이나 학문적 단어의 고급화 미화는 진리를 찾는 데 아무 도움이 되지 않는다. 사주를 추명하면서 더욱 자신의 보는 사주 추명방식이 문제는 없는지 얼마나 정확한지는 본인들이 더잘 알고 있을 것이다. 학문을 하는 사람이면 본인의 배우는 이론이 더 발전되고 연구하면 나아지고 있다는 느낌이 들어야 진정한 학문인 것이다.

사주는 개인의 업(業)을 풀어 보고 자신의 업(業)이 무엇에 관련되어 있으며 어디가 잘못이 있는지 어느 육친 간에 어떠한 업(業)이 있는가를 알아보자는 데 의미가 있다. 그 업(業)을 통하여 자신의 가지고 있는 한(恨)을 해소하는 데 도움이 되어야 인생의 지침서 또는 안내서가 되리라.

시간의 흐름에 따라 자신의 운명도 다르게 적용되어 어느 순간에는 열심히 한 만큼 결실이 있다가도 어느 순간에는 자신의 의도와는 관계없이 다른방향으로 흘러가거나 다른 결과를 가져오는 것이다.

《난강망 중고급편》에서는 기본서에 소개하지 않았던 용신론과 글자 간의 싸움을 엮어내는 전투론을 소개하고 있다. 많은 부분이 기 출간된 기본서의 내용과 중복되는 부분도 있으니 양해 바라며, 사용하는 용어도 선배들이 사용하여 전해 오는 단어를 그대로 인용하다 보니 다소 어색한 단어도 있음을 양지하여 주시길 바란다.

기본서에서도 밝혔듯이 난강망 이론서는 선배들의 구전으로 전해 오던 내용을 모아서 정리하고 다듬어서 작성한 것이다. 시중의 재관인설로 해석하는 부분과는 다르다는 것을 밝히며 글자의 자의에 따라서 자연의 이치를 적용하여 해석하려고 노력하여야 이해할 수 있는 내용들이다.

한글자의 자의에 따라 그 옆의 글자가 어떠한 작용을 하여 결과가 어떻게 나오고 그 결과로 운에서 어떠한 작용을 하는지 논리적으로 이어가면서 추명이 되어야 한다.

본 이론서가 자신의 업(業)을 찾는 데 도움이 되길 바라며 많은 독자들의 비판과 충고를 기대한다.

난강망 이론을 전해 주신 많은 선배 스승님들의 헌신에 감사드리며 특히 이재학, 한동수, 신윤권 님께 감사드립니다.

戊戌年 仲夏

無幕 辰宇 合掌

목차

머리말   4

I. 명리학 기본 개요

1. 명리학 기초   11
1.1 천지자연의 탄생   11
1.2 음(陰)과 양(陽)   12
1.3 천지자연을 구성하는 오행(五行)   12
1.4 하늘의 열 가지 물상(物像)   13
1.5 땅의 열두 가지 물상(物像)   13
1.6 주역(周易) 개요   14

2. 우주 만물의 공간적 표현   16
2.1 양의(兩儀)와 사상(四象)   16
2.2 선천(先天)과 후천(後天)의 의미   17
2.3 팔괘(八卦)가 전달하는 의미   20
2.4 원(圓), 방(方), 각(角)과 천(天), 지(地), 인(人)   21

3. 실생활에서 사용하는 명리학   24
3.1 삼재(三災)를 막는 풍습   24
3.2 길일(吉日) 택하는 방법   25
3.3 개인별 상황에 따른 개운 법   26

II. 정통 명리학: 난강망 중고급편

1. 천간(天干) 십간(十干)의 계절별 특성   33

1.1 갑목(甲木)   33

1.2 을목(乙木)   50

1.3 병화(丙火)   65

1.4 정화(丁火)   83

1.5 무토(戊土)   99

1.6 기토(己土)   114

1.7 경금(庚金)   130

1.8 신금(辛金)   147

1.9 임수(壬水)   159

1.10 계수(癸水)   171

2. 십간(十干) 대운(大運)별 특성   183

2.1 갑(甲)목 대운(大運)이 왔을 때   183

2.2 을(乙)목 대운(大運)이 왔을 때   184

2.3 병(丙)화 대운(大運)이 왔을 때   185

2.4 정(丁)화 대운(大運)이 왔을 때   186

2.5 무(戊)토 대운(大運)이 왔을 때   187

2.6 기(己)토 대운(大運)이 왔을 때   188

2.7 경(庚)금 대운(大運)이 왔을 때   189

2.8 신(辛)금 대운(大運)이 왔을 때   190

2.9 임(壬)수 대운(大運)이 왔을 때   192

2.10 계(癸)수 대운(大運)이 왔을 때   193

3. 십간(十干) 대운(大運) 통변론   195

3.1 사주명리 통변의 기본 요체   195

3.2 용신(用神)론   198

3.3 용신(用神) 잡는 난강망 기준   202

3.4 사주추명을 위한 난강망 규칙   209

4. 천간(天干) 십간(十干)의 글자 간 전투론   221

4.1 천간(天干) 십간(十干)의 글자 간 전투론 기본 원리   221

4.2 천간(天干) 십간(十干)의 글자 간 전투 통변 기준 100   223

4.3 천간(天干) 십간(十干) 글자의 합(合)을 푸는 관계   231

4.4 난강망 통변 예제   233

참고 문헌   259

I

명리학 기본 개요

1. 명리학 기초

1.1 천지자연의 탄생

우주 만물의 탄생은 하나에서 비롯되나 그 하나는 본래 우주 탄생 이전의 하나이며 하나만으로는 만물을 생성할 수가 없어 음(陰)과 양(陽)으로 나누었다. 하나가 둘이 되고 둘이 셋이 되며 셋이 만물을 생성한다. 셋은 한 가족의 단위가 되기도 한다.

천지자연이 탄생하기 이전의 상태를 무극(無極) 상태, 혼돈의 상태, 끝이 없음을 의미하며 시공간의 제약을 넘어서는 보편적이며 절대적 존재의 상태라고 설명한다.

무극(無極) 상태에서 만물 생성의 근원이 되는 하나의 기운이 발생함을 태극(太極)이라 한다. 태극(太極)은 우주의 근본원리로 모든 이치의 근원이다.

태극(太極)에서 양의(兩儀: 음양)를 낳는다. 음양(陰陽)이 사상(四象)을 낳고 사상(四象)이 8괘를 낳는 순서로 이치의 근본 글자가 전개되어 우주 만물이 이치를 표현하는 천문 40자를 이루게 된다.

태극(太極)은 현상으로 드러나는 음양(陰陽), 오행(五行), 만물 속에 내재하는 보편 원리로 보는 것이 일반적이다. 숫자로 태극(太極)은 1이며, 무극(無極)은 0 또는 10의 숫자로 대변한다. 1은 하늘의 시작이요, 9는 하늘의 끝이며, 2는 땅의 시작이요, 8은 땅의 끝이고, 3은 인간의 시작이요, 7은 인간의 끝이며, 4는 물질의 시작이요, 6은 물질의 끝이라는 시종의 변화로 만물의 이치를 표현한다.

1.2 음(陰)과 양(陽)

우주 만물은 음(陰)과 양(陽)이 있으니 음(陰)의 모양은 네모 형상이며 성질은 고요하다. 양(陽)의 모양은 둥근 모양이며 성질은 동적이며 밝고 명랑하다.

움직이는 것은 숫자가 셋이고 고요한 것은 숫자가 2이라. 양(陽)이 음(陰)을 낳는 것은 배수로 하고 음(陰)이 양(陽)을 낳는 것은 반으로 하니 모두 셋으로 하나를 낳는다. 양(陽)이 음(陰)을 낳는 것은 아래에서 낳는다고 하고 음(陰)이 양(陽)을 낳는 것은 위에서 낳는다고 하니 하늘은 셋이고 땅은 둘로 하여 둥근 것으로 덮고 모난 것으로 뒤집어서 우주 만물이 구성된다.

1.3 천지자연을 구성하는 오행(五行)

음(陰)과 양(陽)으로 만물을 표현하는 것은 부족함이 있고 천지자연을 구성하는 다섯 가지 물상으로 표현하니 목(木), 화(火), 토(土), 금(金), 수(水), 오행(五行)이다.

태초에 우주만물이 탄생할 때 우레가 치니 불의 탄생이요, 산천초목 탄생이 목(木), 화(火), 토(土), 금(金), 수(水)가 되어 나무는 불을 생하고, 불은 흙을 생하고, 흙은 금을 생하고 금은 물을 생해서 오행(五行)의 상생(相生)이라 말한다.

1.4 하늘의 열 가지 물상(物像)

음양(陰陽), 오행으로 기본적인 사물을 표현하고 자세한 물상들을 표현함에 있어 10가지 물상으로 나타내니 이를 천간(天干) 10글자라 한다. 갑(甲), 을(乙), 병(丙), 정(丁), 무(戊), 기(己), 경(庚), 신(辛), 임(壬), 계(癸)가 그것이다.

갑(甲)은 나무, 큰 나무, 재목감에 해당하는 성정이며, 을(乙)은 꽃, 바람, 새, 화려함을 나타내는 것이요, 병(丙)은 태양, 빛을 말한다. 정(丁)은 불, 촛불을 표현하며, 무(戊)는 산, 언덕, 고기 등을 나타낸다. 기(己)는 밭, 전원, 길, 먼지 등을 의미하는 것이며 경(庚)은 쇠, 원석, 신(辛)은 보석, 가공된 금, 시계 등을 의미한다. 임(壬)은 물, 깨끗한 물, 호수 물, 바닷물을 의미하고, 계(癸)는 빗물, 더러운 물, 하수도 물 등을 의미한다.

1.5 땅의 열두 가지 물상(物像)

천간(天干) 10글자는 하늘의 10가지 물상을 나타내듯이 땅에서도 표현하고자 하는 물상을 12가지의 지지(地支)글자로 표현하였다. 이는 자(子), 축(丑), 인(寅), 묘(卯), 진(辰), 사(巳), 오(午), 미(未), 신(申), 유(酉), 술(戌), 해(亥)로 12가지 글자이다.

자(子)는 동물로는 쥐에 해당하며, 물을 의미하여 천간(天干)의 글자 임(壬)수에 해당한다. 축(丑)은 소에 해당하며, 흙을 의미하고 오행으로 토(土)에 해당한다.

인(寅)은 동물로는 호랑이를 의미하고, 나무로 천간(天干)의 글자 갑(甲) 목에 해당한다. 묘(卯)는 토끼를 나타내며, 물상으로는 풀, 잡초 등을 의미하며 천간(天干)의 글자 을(乙)목에 해당한다.

진(辰)은 용을 나타내며, 오행으로 토(土)에 해당하여 흙을 의미한다. 사(巳)는 뱀이며, 오행으로 화(火)에 해당한다. 오(午)는 말에 해당하며 불을 나타내고 천간(天干)의 글자로는 병(丙)화에 해당한다.

미(未)는 양이며, 역시 흙에 해당하며 천간(天干)의 글자로는 기(己)토에 해당한다. 신(申)은 원숭이를 의미하고 쇠, 금(金)에 해당한다. 천간(天干)의 글자로는 경(庚)금에 해당한다. 유(酉)는 닭에 해당하며 오행으로는 금(金)이며 천간(天干)의 글자로는 신(辛)금에 해당한다. 술(戌)은 동물로는 개에 해당하며, 오행으로 토(土), 흙에 해당한다. 해(亥)는 돼지에 해당하며, 물을 의미한다. 오행으로는 수(水)에 해당한다.

1.6 주역(周易) 개요

주역은 간단하게 말해 역(易)이라고 하며, 주나라 역(易)이란 말에서 나왔다. 역(易)은 말 그대로 '변화한다' '바뀐다'는 뜻으로 천지만물이 끊임없이 변화하는 자연원리를 설명하고 풀이한 것이다.

이역에는 세 가지 뜻이 있는데, 이간(易簡), 변역(變易), 불역(不易)으로 이간(易簡)은 천지자연의 현상이 변화하고 있으나 간단하고 평이하다는 의미를 갖고 있다.

변역(變易)이란 천지만물이 변화하는 현상이 보이지 않아 멈추어 있는

듯이 보이지만 항상 변화하고 바뀌고 있음을 의미하여 음과 양의 기운으로 변화하고 있는 현상을 말함이다.

불역(不易)이란 변하지 않는다는 뜻으로 모든 것은 변하고 있으나 그 변화는 일정한 항구불면의 법칙에 따라 변화하고 있어서 그 자체로는 영원히 변화하지 않는 영구불변의 이치를 말하고 있다.

이 주역의 기본은 팔괘(八卦)인데 천지만물의 형상을 표현한 기호이다. 이 기호를 가지고 자연 변화의 이치를 설명하고 사람의 운명에 대한 길과 흉(凶)을 미리 아는 지혜의 처세론이며 우주론적인 철학이 담겨 있어서 수많은 독자들이 읽고 가르침을 전하고 있는 고전이라 할 수 있다.

지은이는 정확하게 알려진 바는 없으나, 복희씨(伏羲氏)가 황하강[黃河]에서 나온 용마(龍馬)의 등에 있는 도형(圖形)을 보고 계시(啓示)를 얻어 천문지리를 살피고 만물의 변화를 고찰하여 처음 8괘를 만든 뒤 이를 더 발전시켜 64괘를 만들었다고 하며. 또 사마천(司馬遷)은 복희씨가 8괘를 만들고 문왕(文王)이 64괘와 괘사·효사를 만들었다 하였으며, 마융(馬融)은 괘사는 문왕이 만들고 효사는 주공(周公)이, 십익(十翼)은 공자(孔子)가 만들었다고 한다(주역[周易], 두산백과).

주역은 8괘(八卦)와 64괘, 그리고 괘사(卦辭)·효사(爻辭)·십익(十翼)으로 되어 있는데, 다음 장에 팔괘(八卦)의 의미를 설명하고 있다.

2. 우주 만물의 공간적 표현

2.1 양의(兩儀)와 사상(四象)

양의(兩儀)는 둘 양에 거동 의를 사용하여 두 가지 모습이라는 의미다. 태극(太極)에서 나오는 양(陽)과 음(陰)을 가리키는 것으로 맑고 가벼운 양(陽)은 올라가 하늘이 되고 무겁고 탁한 기운인 음(陰)은 아래로 내려가 땅이 된다.

양(陽)이 고요한 상태의 기운은 해가 되고 음(陰)이 고요한 상태의 기운은 달이 되며, 사람으로는 남자와 여자를 이루는 것이다.

만물이 활동하는 원동력이 음양(陰陽)에서 나오고 태극(太極) 운동을 통해 이루어진다. 태극(太極)은 본래 타고난 본성이요, 음양(陰陽)은 심성(心性)에서 파생되는 기질이라고 볼 수 있다. 본래 천심(天心)은 누구에게나 똑같지만 음양(陰陽)으로 기질이 변하여 선(善)과 악(惡), 명(明)과 암(暗)으로 변화하는 성정이 된다.

사상(四象)은 네 가지의 형상으로, 태양(太陽), 소음(少陰), 소양(少陽), 태음(太陰)을 말한다. 태양(太陽)이란 양(陽)이 커진 것으로 태양(太陽)을 의미하고 양(陽)이 음(陰)으로 변화된 것이 소음(少陰), 음(陰)이 음(陰)으로 변화된 것이 태음(太陰)이며 음(陰)이 양(陽)으로 변화된 것이 소양(少陽)이다.

이 사상(四象)의 의미는 하늘에서는 일월성신(日月星辰)으로 땅에서는 동서남북을, 사람 형상으로는 이목구비를 의미하기도 한다. 한의학에서는 사람 체형을 네 가지로 분류하여 태양(太陽)체질, 소음(少陰)체질, 태음(太

陰)체질, 소양(少陽)체질로 설명한다. 체질별로 어떤 병이 잘 걸리고 어떤 약이 잘 맞는지 설명하고 있다.

2.2 선천(先天)과 후천(後天)의 의미

본래부터 가지고 있는 성질이나 체질의 의미를 선천(先天)이라는 용어로 사용하고, 태어난 후의 환경, 노력에 의해 변화하는 성질을 후천(後天)이라는 의미로 사용한다. 시간적인 의미에서 선천(先天)은 생전에 이미 얻어지는 것이고 생후에 얻어지는 것을 후천(後天)이라고 설명한다.

선천(先天)은 생장 과정의 탄생 전에 의미를 말하며, 후천(後天)은 성장 과정의 의미를 말하는 것이다. 선천(先天) 팔괘(八卦)라 함은 태극(太極)이 삼변하여 음양(陰陽), 사상(四象), 팔괘(八卦)를 이루는 이치로 배열되어 생성하는 것을 의미하고, 후천(後天) 팔괘(八卦)라 함은 선천(先天) 팔괘(八卦)가 각각 같은 괘 상을 따라 합하고 배열하는 것으로 열매를 맺어 가는 과정을 말하는 것이다.

선천(先天) 팔괘(八卦)는 복희씨가 삼재의 도를 바탕으로 자연의 운행 원리를 그대로 표현한 것을 말한다.

하늘과 땅에 해당하는 건곤(乾坤)을 양축으로 놓고 상하 남북으로 배치했으며, 불과 물에 해당하는 리감(離坎)괘를 동서로 배열하였다.

동양 철학의 근원은 방위의 기준인 북극성을 기준으로 태양(太陽)이 북방에 있을 때 하루의 출발점으로 삼는다. 따라서 북방을 기준으로 아래로 차례대로 괘를 부여하였다. 즉, 일천건, 이태택, 삼리화, 사진뢰의 순으로 양

(陽)이 성장하는 과정으로 배열하였다. 건(乾)을 중심으로 오른쪽으로 오손 풍, 육감수, 칠간산, 팔곤지의 순으로 배열한 것이 음(陰)이 점차 성장하는 과정을 말한다. 이에 대한 그림은 다음과 같이 나타내고 있다.

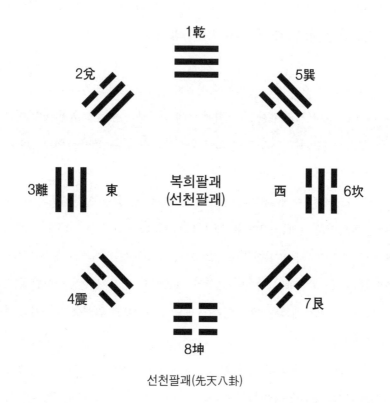

선천팔괘(先天八卦)

후천팔괘(後天八卦)는 오행의 생극 조화를 이루는 것으로 북방에 감(坎) 괘, 동방에 진(震)괘, 남방에 리(離)화괘, 서방에 태(兌)괘를 배치하고 동북 방에 간(艮)괘를 서남방에 곤(坤)괘를 동남방에 손(巽)괘, 서북방에 건(乾) 괘를 배치하였다.

후천팔괘(後天八卦)는 태양이 도는 방향인 시계 방향으로 진(震)괘와 손

(巽)괘가 목생화(木生火)를 하여 리(離)괘를 생하고 리(離)괘가 화생토(火生土)하여 곤(坤)괘를 생하고, 곤(坤)괘가 토생금(土生金)하여 태(兌)괘를 생하며, 태(兌)괘가 금생수(金生水)하여 감(坎)괘를 생하고 있는 상생의 의미도 있다.

결론적으로 선천(先天)은 본래 상생을 이치로 하여 시작하지만 서로 극해서 치열한 생존 경쟁이 일어나며, 후천(後天)은 본래 상극이 이치로 변화하지만 상생하여 조화를 이루는 과정을 말한다.

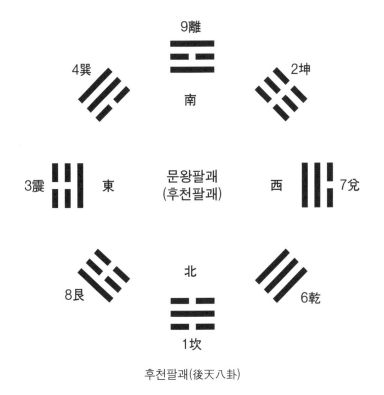

후천팔괘(後天八卦)

2.3 팔괘(八卦)가 전달하는 의미

팔괘(八卦)는 여러 가지 자연 물상을 상징하고 있으며, 사물의 의미를 내포하고 있다. 이 팔괘(八卦)는 표현하는 그림 가운데 만물의 상(象)과 정(情)을 포함하여 보이지는 않으나 보이는 것처럼 생각하고 적용하려는 지혜가 담겨 있다.

팔괘(八卦), 그 첫 번째는 건(乾)괘이다. 건(乾)은 크고 웅대하다. 원만하고, 강건하고 과감하게 결단한다. 건(乾)은 활동적이고 적극적이며, 하늘을 의미한다. 건(乾)은 아버지요, 공직자, 노인, 웃어른, 유명인, 군주를 나타낸다. 건(乾)괘에 해당하는 십간(十干)의 글자는 갑(甲)목 임(壬)수이다.

태(兌)괘는 금(金)에 해당하고 연못을 의미하고 잘 웃고 떠든다. 태(兌)는 가수, 기생을 의미하고 통역관, 선생, 애교가 있고 변설에 능하다. 이슬, 별에 해당하며 초승달, 동물로는 양(羊)에 해당한다. 이 태(兌)괘에 해당하는 십간(十干)의 글자는 정(丁)화이다.

리(離)괘는 총명하고 조급하며 예의가 바르다. 남방에 해당하고 건조하고 높은 곳, 용광로가 있는 곳, 태양, 번개, 무지개, 노을, 맑음, 더움의 의미가 있다. 동물로는 꿩, 거북이, 자라, 게 소라 등에 해당한다. 리(離)괘에 해당하는 십간(十干)의 글자는 기(己)토이다.

진(震)괘는 우레 천둥으로 왕성하게 활동한다. 헛되어 놀란다는 의미와 화를 잘 낸다는 의미가 있다. 많이 움직이고 조용히 머물러 있지를 못한다. 마음이 들떠 있고 불안하다. 동물로는 용, 뱀, 벌에 해당하고 동방을 의미한다. 진(震)괘에 해당하는 십간(十干)의 글자는 경(庚)금이다.

손(巽)괘는 바람에 해당하며, 우유부단하며, 마음이 안정되지 못함을 의미한다. 진퇴를 결정하지 못하는 상태이며, 뛰어난 재능을 가진 사람, 산림인, 무도인, 장녀에 해당한다. 동물로는 닭, 새나 벌레에 해당한다. 손(巽)괘에 해당하는 십간(十干)의 글자는 신(辛)금이다.

감(坎)괘는 눈 비 서리 이슬에 해당하고, 음험하고 남 모함을 잘하는 성격이다. 겉으로 보기에는 부드럽지만 속은 강하다. 북방을 의미하고 강, 호수, 개울, 우물, 샘물, 돼지, 물고기, 여우, 사슴에 해당한다. 감(坎)괘에 해당하는 십간(十干)의 글자는 무(戊) 토이다.

간(艮)괘는 구름, 안개, 연기, 산, 막혀있는 것, 동북방을 의미하고, 호랑이, 개, 쥐에 해당한다. 간(艮)괘에 해당하는 십간(十干)의 글자는 병(丙)화이다.

곤(坤)괘는 음산하고 습함을 의미하고 안개, 구름에 해당한다. 온순하고 유약하며 인색하고 느리다. 할머니, 어머니, 노부, 농촌사람을 의미하고 토지, 네모난 물건, 베, 오곡, 수레, 솥에 해당한다. 동물로는 소, 암말, 참새, 갈가마귀 등에 해당한다. 곤(坤)괘에 해당하는 십간(十干)의 글자는 을(乙)목 계(癸)수이다.

2.4 원(圓), 방(方), 각(角)과 천(天), 지(地), 인(人)

도형을 구성하는 세 가지 기호는 원(○), 방(□), 각(△)이다. 원(圓)은 하늘, 즉 천(天)을 가리키고, 방(方)은 땅, 지(地)를, 각(角)은 사람, 인(人)을 나타낸다. 이를 천, 지, 인, 삼재라고 한다. 이를 숫자로 대입하면 원(圓)이 1이요, 방(方)은 2이고, 각(角)은 3이다.

모든 사물은 음양(陰陽), 양면이 있다. 수(水)에는 음양(陰陽)이 있어 음적인 면은 6이고, 양적인 면은 1이 되어 1, 6은 수(水)에 해당한다. 화(火)에도 음양(陰陽)이 있어 음적인 면은 2이고, 양적인 면을 7로 하여 2, 7은 화(火)에 해당한다.

방(方)은 음양(陰陽)이 좌우로 한 쌍, 상하로 한 쌍 합하여 둘로 벌어진 상태를 나타내므로 2라고 한다. 따라서 1은 태극(太極)을, 2는 음양(陰陽)을, 3은 삼재를 나타내는 기본적인 수이다.

숫자 1이 계속 이어지면 원(圓)을 이루어 태극(太極)은 원(圓)의 기본적인 단위이며, 원(圓)은 전체적인 통일을 의미하여, 태극(太極)은 통일의 기본 요체가 된다.

통일은 전체적으로 하나이고 개체적으로 하나의 상태를 말하여 개인도 완전해지고 전체도 완전해지는 사회가 이상적인 사회라고 한다. 원(圓)은 그러한 의미를 담고 있다.

모든 숫자가 1에서 나가고 다시 1로 귀일한다고 보면 가장 크고 동시에 가장 작은 수가 1이 된다. 1이 이러한 상태를 나타내는 태극(太極)을 상징한다.

2는 음양(陰陽)으로 양면적인 짝이 있다. 짝은 서로 다른 면을 가지고 있는바 그것을 방(方)이라고 한다. 동방이 있으면 서방이 있고 남자가 있으면 여자가 있고 1이 통일을 의미한다면 2는 분리를 의미한다.

만물이 통일을 이루려고 하는 이유는 흩어진 기를 모으려는 것이다. 분리하려고 하는 이유는 속에 있는 중심을 나타내려고 하기 때문이다.

기(氣)는 쉬지 않고 변화하고 있어서 신속한 성질이 있고 끊임없이 생육과 발전을 하고 있다. 이를 바탕으로 숫자에서 홀수는 기(氣)를 주관하고 짝수는 형상(形象)을 주관한다고 볼 수 있다.

3은 세 개의 선이 모여서 이루어진 각(角)이다. 이는 바로 천(天) 일, 지(地) 일, 인(人) 일을 나타낸다. 하나 더하기 둘은 삼이 되는 천지의 합을 의미하고 그 삼을 천지의 합작품인 인간으로 보면 6과 9도 인간을 상징하는 것이 된다. 6과 9는 3의 배수요, 첫 번째 나온 3은 사람 속에서 이루어진 하늘의 원(圓)을 말하고, 두 번째 탄생한 6은 사람 속에서 이루어진 땅의 방(方)을 나타내고 세 번째 탄생은 9는 사람 속에서 이루어진 사람의 각(角)을 나타낸다.

사람 속에 들어 있는 원(圓)은 천지의 중심을 말하며, 사람 속에 들어 있는 방(方)은 형상을 나타내는 상태를 말하여, 6은 만물을 창조한 6일과 연관된다.

사람 속에 들어 있는 각(覺)은 본래의 깨달음(覺)을 가리킨다. 이같이 천지의 깨달음이 인간 내면에서 이루어지면 천지는 물론 인간까지 완성되는 법이기에 편안하고 안식할 터전이 마련되는 것이다. 이 터전을 궁(宮)이라고 한다. 1에서 9까지 숫자를 가지고 궁(宮)을 나타내니 9(宮)궁이 그것이다.

성경에 "아버지와 아들과 성령의 이름으로 세례를 주라."는 말은 삼위일체로 동양에서는 삼신을 가리키고 숫자로는 3이라는 의미를 가진 것과 무관하지 않다. 동양의 삼신설은 이와 같이 천지인 삼원을 기본으로 하고 있다.

3. 실생활에서 사용하는 명리학

3.1 삼재(三災)를 막는 풍습

삼재(三災)란 수재(水災), 화재(火災), 풍재(風災)를 말함이며 병란, 질병, 기근을 말하기도 한다. 새해가 되면 이 삼재(三災)에 해당하는 사람은 운이 나쁘니 조심하는 풍습이 우리 민속신앙에 내려오고 있다. 미리 액운을 막는 풍습도 내려오고 있는데, 동국세시기에 의하면 남녀 나이가 삼재(三災) 드는 해에 세 마리의 매를 그려 문지방에 붙인다고 하였다. 어릴 때 집안에 문지방 부근에서 부적을 붙여 놓은 그림을 보면 매가 그려져 있다. 매는 북방의 민속신앙에서 맹금에 해당되어 액운을 물리친다고 믿었던 것이다.

새해가 되면 윷놀이와 널뛰기 연날리기 등을 통해 액운을 물리치는 풍습을 우리 민족 신앙에서 볼 수 있다.

삼재(三災)가 들어서 나쁘다고 할 수는 없지만 정확하게는 사주 명리의 자세한 풀이를 통해 진정으로 나쁜 운에 있는지 판단하는 것이 중요하며 12년 중에 3년 동안 해당하는 모든 사람들이 나쁘다는 것은 논리적으로 모순이 있다고 판단된다.

십이지지의 사유축(巳酉丑)년에 탄생한 사람은 해자축(亥子丑)년이 드는 해에 삼재가 되며, 신자진(申子辰)년에 태어난 사람은 인묘진(寅卯辰)년에 삼재가, 인오술(寅午戌)년에 태어난 사람은 신유술(申酉戌)년에 삼재가 된다.

3.2 길일(吉日) 택하는 방법

생활하면서 중요한 일을 앞두고 길일을 택하는 것은 인지상정의 심정이다. 이왕이면 좋은 날에 시작하고 좋은 결과를 보았으면 하는 것에 대하여 비난할 필요는 없다. 천지 만물에 대한 조심성, 정성을 다하는 마음이 기본 자세라고 할 수 있다. 무턱대고 시작하기보다 정성을 다하고 선인들이 전하는 말을 반영하여 생활을 하는 것은 행복을 가져오는 지름길이요, 불행을 피해 가는 마음 자세일 것이다.

고대로 전해 오는 4대 길일은 1년 중에 하나의 대길한 날이 계절별로 있다고 하는 것인데, 이를 천사(天赦)일이라고 한다. 입춘(立春) 후의 갑자일, 입하(立夏) 후의 갑오일, 입추(立秋) 후의 무신일, 입동(立冬) 후의 갑자일이 4대 길일에 해당하는 날이다. 반대의 개념으로 꼭 피해야 하는 8대 흉(凶)일도 있으니, 갑신, 을유, 정해, 무자, 경인, 신묘, 임진, 계사가 흉(凶)한 날이라 피하는 것이 좋다고 전해지고 있다.

또한 8대전일이라 하여 경거망동하지 말아야 되는 날도 있는데, 갑인, 정사, 기미, 경신, 계해, 임자 날이다. 이 날은 천간과 지지가 오행이 동일한 날로 간지동형일이라고도 하는데 특히 조상을 모시는 날로는 피하는 것이 좋다.

자세한 개인별 길일을 택하는 법은 복잡한 면이 있는데 전문가들은 28수를 이용하거나 태을법을 이용하는 것이 정확하다고 알려져 있다. 좀 더 자세한 길일을 택하는 법은 전문가에게 의뢰하는 것이 좋다.

3.3 개인별 상황에 따른 개운 법

살면서 사주를 보거나 기분이 좋지 않을 때 운이 잘 풀리지 않는다고 느낄 때 적용할 수 있는 방법을 설명하려고 한다. 자신의 현재 생활을 발전시키고 운이 열리게 하는 방법이 있을까? 하는 물음에 답을 하는 법은 여러 가지가 있겠지만 저자가 제일 먼저 추천하는 방법은 몸과 마음가짐을 깨끗이하고 남에게 덕(德)을 베푸는 행동을 즉시 시행하는 것이다. 남에게 도움 주는 행동을 하면 기분이 좋아지고 운도 개운 된다고 할 수 있다.

그 다음으로 실생활에서 적용하는 법을 설명하면 다음과 같다.

1) 장사하는 사람의 개운 법

현재 장사가 잘 안된다고 느낄 때는 먼저 가게를 중심으로 대문이 나 있는 방향을 확인해서 주인의 생년 띠를 기준으로 장성살에 해당하는 방향이 아닌지를 확인하기 바란다. 장성살 방향은 필히 막혀 있어야 한다.

그다음 확인할 사항은 금고를 두는 방향인데 금고를 두는 방향은 반안살 방향에 두고 장사를 해야 손님이 모이게 된다.

예를 들어 사유축(巳酉丑)년에 태어난 사람은 술(戌) 방향에 금고를 두고 장사를 해야 하며 유(酉) 방향은 막혀 있어야 한다.

인오술(寅午戌)에 태어난 사람은 오(午) 방향은 막혀 있어야 하며 미(未) 방향에 금고를 두고 장사를 해야 한다.

해묘미(亥卯未)년에 태어난 사람은 묘(卯) 방향은 막혀 있어야 하며 진(辰) 방향에 금고를 두고 장사를 하면 개운이 된다.

2) 학업성적 향상을 위한 개운 법

공부하는 책상의 방향은 천살 방향으로 놓아야 한다. 앉았을 때 천살 방향을 보고 있어야 성적이 향상되고 집중이 잘된다.

예로는 사유축(巳酉丑)년에 태어난 사람은 진(辰) 방향으로 책상을 놓아야 하고, 해묘미(亥卯未)년 생은 술(戌) 방향에, 인오술(寅午戌) 생은 축(丑) 방향에, 신자진(申子辰) 생은 미(未) 방향으로 책상을 놓고 공부하면 길하다.

3) 혼인을 위한 연인 만나는 법

늦게까지 결혼을 못하고 있는 경우는 남자는 천살 방향으로 머리를 두고 자고 있으며, 여자는 반안살 방향으로 머리를 두고 자는 경우가 대부분이다.

남성은 반안살 방향으로 머리를 두고 자고, 여성은 천살 방향으로 머리를 두고 자면, 개운되어 결혼 성사 가능성이 높다.

4) 건강을 유지하거나 회복하는 데 도움 되는 법

몸이 아프거나 병을 앓고 있는 환자인 경우 머리를 반안살 방향으로 해서 잠을 자도록 하면 효과가 있다. 침실 방향이 장성살에 있으면 더욱 악화되어 병을 회복하기 어려우니 침실 방문을 장성살 방향이 아닌 다른 곳으로 옮겨서 잠을 자게 배려해야겠다.

예를 들어 사유축(巳酉丑)년에 태어난 사람은 술(戌) 방향으로 머리를 두고 자며, 인오술(寅午戌) 생은 미(未) 방향으로, 해묘미(亥卯未) 생은 진(辰) 방향으로, 신자진(申子辰) 생은 축(丑) 방향으로 머리를 두고 자면 도움이 된다.

12신살의 종류는 겁살, 재살, 천살, 지살, 년살, 월살, 망신살, 장성살, 반안살, 역마살, 육해살, 화개살 순서로 적용된다. 개인 년명별 12신살을 구하는 법은 지지 삼합 세 글자 다음 지지 글자부터 겁살, 재살 순서로 붙여나가면 된다.

예를 들면, 인오술(寅午戌)생의 경우는 술(戌) 다음 지지 글자인 해(亥)가 겁살이 되고 그 다음 글자인 자(子)가 재살이 되는 것이다.

사유축(巳酉丑)생의 경우는 인(寅)이 겁살, 묘(卯)가 재살이 되는 형식으로 취하면 된다. 아래의 표는 12신살의 함축 의미 및 적용 분야를 나타내고 있다.

[표] 12신살 함축 의미 및 적용 분야

신살명	해당 별칭명	함축 의미, 적용 분야, 띠, 해당 년, 월, 일시
겁살	역모 주동자	원인 허술하여 지탱불가, 차압이나 폭행반항, 철거행사, 재건하는 거, 부실공사, 임시조립, 대운에서 불완전건물 부동산소유, 장녀인 경우 아래 여동생만 있다, 남자인 경우 동생 없고 자식횡사 탕아, 의사법조인, 재단사, 이발사, 겁살일문점시 집안 사활 걸린 일, 투기 관련 일
재살	역모 주동자	머리로 묘안 써서 목적 달성 시도, 음성적으로 동조 하는 것, 직속상관, 출세위해 잘해야 하는 사람, 재살 방향 나에게 질투심 나쁜 감정 벼르고 있는 사람, 적대 감정자 방향, 동조 받거나 부양당할 대상, 출세하는 자식, 대운에서는 신분 방패막이
천살	군왕	앉은자리 질겨 옴짝달싹못함, 종교 물건 놓으면 흉, 귀신 방향, 조상 방향, 치성 공간, 천신 방향, 진학 목표 방향, 천살 운에 마비질환, 중풍 암 질환, 반안살 싫어함
지살	외무대신	오라는 소식에 응할 수밖에, 역마살 좋아함, 육해살 꺼림, 육해년 구설 교통사고, 손님 출입문, 출근하는 방향(사장), 역마살 방향 출근은 회사 종업원, 사장님 방향, 집주인 방향

년살	시녀	깨끗이 처신하고 예쁜 사람으로 행세, 밀애, 탈선, 성교, 반복되는 일, 고무신살, 서비스, 보수 수리 교환, 하사금, 아부를 해야, 민첩한 행동 박식함, 참고 견디면 스타덤, 월살 동주시 애기 낳고 사망 가능, 문점자 년살시 꼬임 미해결, 대기자본금, 끈기 있고 혼전자식이나 방외자식이며 나를 위하는 자식
월살	내당마님	외계와 담 쌓고 최고 발전 도모, 인자, 배우자 충돌질 시비하는 자, 야성성, 현모양처 보필, 아내 물건, 부엌 방향, 금일봉 희사, 화개와 동주시 하체 불구자, 화개운 퇴직, 탈락운, 대운에서는 최고 성공운, 여성 월살은 고독살, 금전 융통 가능 띠
망신살	왕가형제	쓰레기통에서 보물 얻음, 망신운 월년에 공돈, 퇴직금, 보상금 가능, 내부 반란이 외부에 공개 비화, 전문직종 종사자, 성기의 모양, 남편 외도 시(회복 시) 반안살 방향 하체는 망신살 방향, 대운에서 최고 실속운, 자금 회전 가능, 과거의 여인운, 애인 있는 곳, 육해살 길, 노인 말년 운은 사망 운, 자궁암 등 수술운, 자식은 출산 시 사망 또는 불치명자, 첫 순정 가져간 사람
장성살	내무대신	중간 입장에서 진퇴양난, 경찰관, 치안 업무, 지살 길, 간첩 불순분자 색출, 열려 있으면 망함, 막혀 있어야, 화해 모사 탁월하나 자식 늦게 두거나 혹사시킴, 장성살 자식 오면 개운, 방향 사는 사람 흉, 대치자, 악인, 위기에서 구해 주는 자, 변호인 띠, 동토시 부적 방향, 사업 납품 방향, 겁살, 재살 길, 지혜
반안살	장신구	실마리를 풀 의욕, 풍우에 말라죽은 보리이삭, 선로이탈, 고초살, 내시에 해당, 대단히 중책, 약방감초, 서비스, 비밀의 방향, 비장물 보관소, 현금 금고 방향, 잠자는 방향, 믿고 상의하는 자, 도피시 은거지, 조건 없는 거래 방향, 쉬운 돈줄, 노동력 구원자, 직원 충복 띠, 반안일 상담, 분실물 해결방, 금전 융통인, 전문직종
역마살	문공대신	전신을 다해 통솔적 지휘, 매스컴, 광고, 장성살 흉, 지름길, 화개살 길, 관재구설 해결자, 중매인, 부탁인, 주인사장은 재살, 역마살은 입사주선자, 변호인 띠
육해살	문지기	지름길 택해 소자본 이룸, 육해살 방향 청소 시 용돈 생김, 임시용 물건 비치소, 잠시 이용 돈줄, 육해살월 제사 길, 목걸이, 소원 비는 방향, 재기 방향, 도움 주는 띠, 직계 보호신 방향, 개운의 방향, 부자 되려면 육해살 행위, 동작 민첩하나 급식, 내객을 육해살 방향 앉혀라, 단기 자금 융통 방향, 노후 의지 자식, 함부로 하지 말아야 하는 방향
화개살	자문관	수양이나 재도전으로 새 생활, 왕복, 반복되는 일, 대운에서는 발전과 노력, 탁월한 재능, 재도전하는 일 또는 시기, 재수생, 재결합, 재복구, 월살 흉, 수리를 필요로 하는 물건, 재기에 도움을 주는 사람, 사업 부흥 띠, 재도전, 재출마

1. 천간(天干) 십간(十干)의 계절별 특성

1.1 갑목(甲木)

갑목(甲木)은 우뢰에 해당하며 큰소리 잘 치고 목소리가 우렁차다. 병(丙)화가 있을 때 결실을 보며 봄철에 태어나면 유복하다.

생목(生木)은 인묘진(寅卯辰)이 지지(地支)에 있을 때이며 활목(活木)은 사오미(巳午未)월 갑(甲)목에 해당한다.

휴목(休木)은 신유술(申酉戌)월 갑(甲)목이며 사목(死木)은 해자축(亥子丑)월 갑(甲)목으로 지지(地支)에 목(木)의 뿌리가 없을 때에 해당된다.

나무는 생목(生木)과 사목(死木)을 구분해서 간명해야 한다.

1) 봄철 갑(甲)목

인묘진(寅卯辰)월, 봄철 환경에서 갑목(甲木)에 대한 용신(用神)과 필요한 글자를 생각해 보자. 봄철은 만물이 시생하는 계절로 생기가 있고 자라나는 환경이다. 모든 만물이 성장할 때 가장 먼저 필요한 것은 태양이다. 갑목(甲木)도 봄철에는 태양이 필요하다.

천간(天干)에 태양인 병화(丙火)가 있고 지지(地支)에 나무의 뿌리를 내릴 수 있는 토(土)가 있어야 잘 자랄 수 있는 환경이 된다. 그러므로 천간(天干)에 병화(丙火), 지지(地支)에 진토(辰土)가 필요한 글자이다.

이런 구조를 가지면 어릴 때부터 호강하면서 자라고 어른이 된 후는 부귀

(富貴)하고 명예를 누릴 수 있는 명(命)이 된다.

갑목(甲木)이 천간(天干)에 병화(丙火)나 정화(丁火) 등 일점의 화기(火氣) 없이 경신(庚辛)금이 있다면 나무가 금(金)에 상해서 힘들며 출생하자마자 집안이 망하는 환경이다.

봄철 나무는 어린 싹에 해당되며 나무에 금(金)이 와서 무참히 짓이겨 버린 것으로 본인의 성정도 무법자, 깡패 등 못된 짓을 하는 성정이 된다. 그러나 경신(庚辛)금이 있을 때 정화(丁火)나 병화(丙火)가 있어 금(金)을 제어하면 위기를 물리칠 줄 아는 유능한 사람으로 귀(貴)하게 된다. 어려운 일을 해결하는 해결사, 능력자로 경찰관이나 검찰 등에 종사하는 길(吉)한 구조이다.

천간(天干)에 금(金)이 없다 해도 지지(地支)에 금(金)이 있어 갑목(甲木)의 뿌리가 되는 인묘진(寅卯辰)을 사유축신(巳酉丑申)금이 극하게 되면 그 뿌리를 친 것이라 뿌리가 상하게 되니 흉(凶)하게 된다. 나무뿌리가 상하면 죽게 되는 것을 상상하면 알기 쉽다.

천간(天干)에서 나무가 금(金)을 만나 극을 당해 가지나 잎이 상해 흉(凶)하게 되듯이 지지(地支)에서도 나무뿌리가 금(金)에 상해 고사하거나 죽게 되는 것이다. 지지(地支)에서 금(金)이 있다 해도 그 금(金)을 제어할 수 있는 화(火)가 있어 금(金)을 제어하면 길(吉)한 구조로 흉(凶)함을 면하게 되니 사주의 이치는 작용과 반작용 관계를 생각해서 글자 간 대응 구조를 잘 살펴야 한다.

[사주명 예 1]

庚	甲	庚	辛
午	午	寅	卯

　인(寅)월 갑목(甲木)으로 어린 나무에 해당한다. 어린 나무는 자라야 하는데 필수적인 것이 태양이다. 일간(日干) 갑목(甲木) 양옆에 경금(庚金)이 있어 나를 치니 두통이 있고 힘들다.

　봄철에는 가장 필요한 것이 병화(丙火)이니 지지(地支) 인(寅) 중 병화(丙火)를 사용한다. 경금(庚金)이 흉신(凶神)으로 두통이 있으며 속이 타는 면이 있는데 지지(地支) 오(午)화가 금(金)을 제어해 해결 가능성이 있다. 사주에서 흉신(凶神)을 해결하는 글자가 있으면 고난이 닥쳐도 이겨내서 힘든 일을 크게 겪지 않는다.

[사주명 예 2]

丁	甲	癸	壬
卯	寅	卯	辰

　곤(坤)명으로 묘(卯)월 갑(甲)목, 어린 싹에 해당하는 나무이다. 시간(時干) 불이 흉(凶)이나 계(癸)수에 젖어 괜찮다. 묘(卯)월에는 병(丙)화나 진(辰)토가 길(吉)한데 지지(地支)에 진(辰)토 용신(用神)을 사용한다. 토부목자(土夫木子)에 해당되어 일지 인(寅)목과 토(土)가 상극(相剋)이 되니 남편덕(德)이 있다고 못한다.

건(乾)명

壬	甲	丙	戊
申	辰	辰	辰

진(辰)월 갑(甲)목으로 천간(天干)에서 갑(甲)목이 필요한 글자, 임(壬)수, 병(丙)화, 무(戊)토를 모두 가졌다. 귀한 존재로 태어났다. 진(辰)월에는 목(木)을 우선 용신(用神)으로 하나 천간(天干)에 병(丙)화가 있어 병(丙)화를 용신(用神)으로 한다.

나무는 태양이 있어야 잘 자란다. 지지(地支) 진(辰)토와 합(合)이 되는 갑신(甲申)년에 결혼을 했으며 갑자(甲子)생 배필을 두었다.

2) 여름철 갑(甲)목

여름철 사오미(巳午未)월 갑(甲)목은 나무가 약해 보여도 봄철보다는 강하며 더 자라야 하는 성정이 있다. 나무를 키우기 위해 병(丙)화가 있어야 한다. 이때도 지지(地支)에는 나무가 성장하기 위해 수기(水氣)가 있어야 잘 자랄 수 있는 환경이 된다. 천간(天干)에는 병(丙)화, 지지(地支)에는 진(辰)토가 있으면 부자가 될 수 있는 구조이다.

여름철에 필요한 것은 물이다. 물이 필요하다고 해서 천간(天干)에 임(壬)수 계(癸)수가 나와서는 안 된다. 왜냐하면 임(壬)수 계(癸)수는 나무의 성장을 막게 되는 큰물에 해당되어 강물에 나무가 있는 형상에 비유해 보면 많은 물은 나무뿌리를 썩게 한다.

나무는 병(丙)화를 봐야 하는데 임(壬)수 계(癸)수는 병(丙)화를 나오지 못하게 해서 역시 나쁘다. 여름철에 비가 오면 태양을 볼 수 없는 것이다. 장마철에 비만 오고 태양이 뜨지 않으면 나무가 자랄 수가 없다.

예외적인 경우 천간(天干)에 정(丁)화가 있어 나무가 불에 타는 것을 막기 위해 임(壬)수나 계(癸)수를 사용할 수 있다. 임(壬)수나 계(癸)수가 없는데 정(丁)화가 나오면 여름 나무에 불이 붙은 것이라 요절할 운명이 된다.

불이 많으면 자신의 몸을 태워야 하는 것으로 활인지명의 성정이 강해 남을 구제하거나 기술자나 예술가의 길로 가면 길(吉)하게 된다.

여름철 지지(地支)에서는 물이 필요 해 지지(地支)에 필요한 글자는 신(申), 자(子), 진(辰), 축(丑) 글자가 있으면 길(吉)하나 신(申)과 축(丑)토는 나무뿌리인 인(寅), 묘(卯), 진(辰)과는 떨어져 있는 것이 좋다. 왜냐하면 나무뿌리가 신(申)금이나 축(丑)토에 상하게 되므로 자랄 수 없기 때문이다.

지지(地支)에서 신(申)금이나 유(酉)금은 물을 생해 주는 역할이 강해 쓸모가 있으나 천간(天干)에서 경(庚)이나 신(辛)은 우박 서리에 해당되어 여름철 갑(甲)목에게는 흉(凶)하게 작용한다.

여름철 갑(甲)목 용신(用神)은 지지(地支)에 물기가 있는 수(水)를 우선 사용해 지지(地支) 계(癸)수가 일차 용신(用神)이 되며 병(丙)화가 2차 용신(用神)으로 정하는 것이 좋다. 이런 경우 용신(用神)이 수(水)와 화(火)로 상반되는 일이 발생하게 되는데 남자인 경우, 용신(用神)이 상반되는 경우 여러 명의 아내에게서 자식이 있게 된다. 여자인 경우는 용신(用神)이 남편에 해당되어 여러 명의 남편을 두게 된다.

갑(甲)목 일주는 병(丙)화가 양육하게 되는 힘이므로 병(丙)화가 없을 때는 일을 할 때 중도에 좌절되는 경우가 있고 일을 하는 데 있어서 마무리가 안 되어 성공하기 어렵다. 이는 태양 없이 나무가 자랄 수 없는 이치에 근거한다.

[사주명 예 4]

건(乾)명

戊	甲	丁	癸
辰	申	巳	未

사(巳)월 갑(甲)목으로 여름에 정(丁)화는 흉신(凶神)으로 나쁘다. 그 흉신(凶神)을 쳐주는 계(癸)는 길신에 해당한다. 지지(地支) 진(辰)토가 용신(用神)으로 천간(天干)에서는 계(癸)를 사용한다.

[사주명 예 5]

건(乾)명

乙	甲	庚	己
丑	午	午	巳

오(午)월 갑(甲)목으로 천간(天干)에서 경(庚)금 흉신(凶神)을 을(乙)목이 막아 길(吉)하게 작용 한다. 갑(甲)목 입장에서 을(乙)목은 나의 친구들이요 형제인데, 친구나 형제가 흉신(凶神)을 제거해 주는 성정이 있다. 지지(地支)는 오(午)화가 있어 더운 것을 해소하기 위해 축(丑)토를 용신(用神)으로 사용한다. 임신(壬申) 대운에 오(午)화가 신(申)금이 수용 관계를 이루어 결혼하는 환경이 된다.

[사주명 예 6]

건(乾)명

丁	甲	癸	庚
卯	戌	未	辰

미(未)월 갑(甲)목으로 천간(天干)에서 계(癸)수가 용신(用神)이요, 지지 (地支)에서는 묘(卯)목을 용신(用神)으로 사용한다. 시간(時干) 정(丁)화가 흉신(凶神)인데 계(癸)수로 쳐주니 흉(凶)한 것을 물리치는 글자를 보유한 것으로 길(吉)하다.

3) 가을철 갑(甲)목

가을철, 신유술(申酉戌)월 갑(甲)목은 약해 보일지 모르나 여름 다음으로 강하다. 결실의 계절로 추수를 하거나 재목감으로 나무의 본질을 다하는 것 이다. 따라서 병(丙)화를 봐야 추수해서 부자가 되고 정(丁)화와 경(庚)금이 나오면 정(丁)화로 경(庚)금을 제련해서 그릇을 이루는 구조로 귀(貴)한 명 (命)이 되는 것이다.

가을철에는 금(金)이 왕(旺)한 계절이니 갑(甲)목 뿌리가 상하지 않도록 지지(地支)에서 금(金)을 제어할 수 있는 화(火)가 필요하다. 따라서 지지 (地支)에서 신유(申酉)금을 제어할 수 있는 오(午)화나 미(未)토가 있어야 뿌리를 보전해 성공할 수 있는 기반이 된다.

가을철 재목감으로 사용하기 위해 천간(天干)에 경(庚)금과 정(丁)화가 나오면 부귀(富貴)를 누릴 수 있는 구조가 되는데 반드시 생목(生木)과 사목

(死木)을 가려서 판단해야 한다.

생목(生木)은 지지(地支)에 인묘진(寅卯辰) 중 한 글자가 있어야 하며 없는 경우 사목(死木)으로 판단한다.

생목(生木)은 돌아오는 봄철과 여름철에 활짝 피어나 성공을 이루는 환경이 되며, 사목(死木)은 가을철과 겨울철에 재목감으로 사용해서 성공을 이루는 구조가 되니 간명할 때 그 이치를 생각해서 판단해야 한다.

재목감으로는 사목(死木)이 길(吉)한데 경(庚)금만 있고 정(丁)화가 없다면 부(富)는 작으나 귀(貴)한 명(命)이 된다. 정(丁)화만 있으면 가을 나무를 태우니 속이 타는 성정이며 기술자나 신부, 목사, 의사 같은 직업을 가지게 된다.

가을철 나무가 병(丙)화만 나왔다면 수확 하는 열매를 맺게 했으므로 부자가 되는 환경이나 귀(貴)는 없는 구조가 된다. 가을철 나무가 병(丙)화나 정(丁)화가 없이 천간(天干)에 임(壬)수나 계(癸)수만 나왔으면 가을철의 물이 가득한 것으로 춥고 배고픈 환경을 이룬다. 겉으로는 멀쩡하고 그럴듯한 외모이나 속은 거지에 해당하는 가난한 사람이다.

[사주명 예 7]

건(乾)명

辛	甲	戊	壬
未	午	申	寅

가을철 나무로 시간(時干) 신(辛)금은 나무를 할퀴는 흉신(凶神)이다. 연간(年干) 임(壬)수 흉신으로 무(戊)토가 제어해 천간(天干)은 무(戊)토가 용

신(用神)이다. 지지(地支) 오(午)화가 일차 용신(用神)으로 지지(地支)에서 오(午)화, 신(申)금, 인(寅)목이 있어 지지(地支) 갑(甲) 정(丁) 경(庚)을 이루는 구조이다.

화자목처(火子木妻)에 해당되어 병(丙)화가 남자 자식인데 시간(時干) 신(辛)금과 합(合)해 병신(丙辛) 합(合)이 되니 남자 자식이 없다. 또한 일이 잘 진행되다가 중도에 실패나 애로가 발생하는 것은 병(丙)화가 없어지는 구조 때문이다.

[사주명 예 8]

건(乾)명

己	甲	乙	乙
巳	申	酉	酉

가을철 갑(甲)목으로 기(己)토와 합(合) 하는 것을 제어하는 을(乙)목을 용신(用神)으로 사용한다. 월간(月干)과 연간(年干) 을(乙)목으로 부모가 모두 해결해 주는 구조이다. 남자 명(命)은 목자 수처(木子水妻)로 일지 신(申)금은 아내 덕(德)이 있다고 본다.

사목(死木)으로 운에서 사오미(巳午未)가 올 때는 더워서 속이 타들어간다. 흉(凶)하게 작용한다.

곤(坤)명

乙	甲	壬	癸
巳	子	戌	未

술(戌)월 갑(甲)목으로 천간(天干)에 임(壬)수와 계(癸)수가 흉(凶)하다. 지지(地支)에서 자(子)수가 있어 길(吉)하다. 미(未)중 을(乙)목 용신(用神)으로 공협의 해(亥) 중 갑(甲)목 역시 용신(用神)으로 사용한다.

지지(地支)에 인묘진(寅卯辰)이 없어서 사목(死木)에 해당하나 공협에 해(亥)수가 있어서 운에서 미(未)운이 올 때는 해미(亥未)합(合) 되어 목(木)으로 변해 사목(死木)이 생목(生木)으로 변화되는 환경이 온다. 길(吉)하게 된다.

4) 겨울철 갑(甲)목

겨울철 해자축(亥子丑)월 갑(甲)목은 추운 계절의 나무로 생목(生木)과 사목(死木)의 특성이 다르다.

생목(生木)은 자라나야 하는 특성이 있으니 따뜻한 구조가 되어야 하며, 사목(死木)은 재목으로 그릇을 만들기 위해 쓰임이 되는 구조여야 길(吉)하게 된다.

생목(生木)으로 따뜻함을 이루기 위해 화(火)나 토(土)가 천간(天干)에 나와야 하는데, 겨울철에는 정(丁)화가 병(丙)화보다 좋은 불이 되며, 무(戊)토가 나와야 길(吉)한 구조다.

사목(死木)은 그릇을 만들기 위해 경(庚)금으로 나무를 잘라 정(丁)화 불을 때는 구조여야 길(吉)한 구조가 된다.

겨울철에는 바람이 불어 불을 땔 수 없는 환경이므로 사목(死木)으로 불 때는 구조를 이루려면 바람을 막는 무(戊)토가 있어 정(丁)화를 지켜 주면 아주 귀(貴)하고 길(吉)한 구조가 된다. 겨울철 사목(死木)은 천간(天干)에 무(戊)토, 정(丁)화, 경(庚)금이 나온 구조는 최고로 길(吉)하다.

겨울철이라 지지(地支)에서도 따뜻함이 있는 오(午)화, 술(戌)토, 미(未)토가 있으면 길(吉)한 구조가 되어 가정이 따뜻하고 행복한 삶을 누릴 수 있는 환경이다.

겨울철 생목(生木)은 따뜻한 봄이 오기를 기다리는 나무에 해당된다. 아직 겨울철이라 자랄 수가 없어 봄, 여름에 꽃 피고 만발하는 대기만성(大器晚成)형에 해당된다.

반대로 사목(死木)은 봄, 여름을 만나면 죽은 나무여서 뿌리가 썩고 힘이 없는 환경으로 가난하고 병고에 시달리는 경우가 많다.

이처럼 사람의 사주 명리 구조는 일간(日干)별로 계절이 어떤가에 따라 삶이 달라지는 이치를 생각해야 한다.

겨울철 나무가 천간(天干)에 경(庚)금만 있고 정(丁)화가 없을 때는 가난하고 거지에 해당된다. 이때 병(丙)화가 있어도 무용지물인데 이유는 겨울철 병(丙)화는 힘이 없어 나무를 자라게 하지 못해 추위에 떨게 하기 때문이다.

그러나 생목(生木)으로 병(丙)화를 용신(用神)으로 하면 추운 겨울철에는 고생을 하지만 돌아오는 봄, 여름에는 병(丙)화가 힘을 발휘해서 나무를 힘차게 자랄 수 있게 하므로 길(吉)한 구조가 된다. 이를 고서에는 고목이 봄을 만난 것으로 고목봉춘(枯木逢春)이라 표현하고 있다.

겨울철 나무가 천간(天干)에 계(癸)수가 나오면 계(癸)수는 눈보라에 해당되어 추우니 가난하고 고독한 삶을 살게 된다. 이때 지지(地支)에 따뜻한 구조를 이루는 오(午), 술(戌), 미(未) 중 한 글자라도 있으면 천간(天干)에 계(癸)수 눈보라가 날리는 환경이라도 의식(衣食)은 굶지 않고 먹을 복은 있게 된다.

[사주명 예 10]

곤(坤)명

丁	甲	乙	己
卯	辰	亥	亥

해(亥)월 갑(甲)목으로 시간(時干) 정(丁)화가 귀(貴)하다. 정(丁)화를 용신(用神)으로 하고 갑(甲)목이 비견에 해당하는 을(乙)목으로 기(己)토를 극해 다른 사람을 이용해서 위기를 물리치는 성정이 있다. 지지(地支)에서는 진(辰)토가 길(吉)하다.

[사주명 예 11]

곤(坤)명

乙	甲	戊	庚
亥	午	子	午

자(子)월 갑(甲)목이다. 겨울철 갑(甲)목이라 따뜻한 불을 필요로 하는데 천간(天干)에는 보이지 않는다. 바람이라도 막아 주고 자(子)월이라 수(水)가 왕(旺)한 계절이므로 물을 제어하는 무(戊)토가 용신(用神)이다.

지지(地支)에서는 오(午)화가 용신(用神)으로 사용 가능하다. 지지(地支) 글자에서는 자(子)월이 오(午)화를 끄게 하는 흉신(凶神)으로 작용한다.

[사주명 예 12]

곤(坤)명

甲	甲	癸	丁
子	辰	丑	丑

축(丑)월 갑(甲)목으로 월간(月干) 계(癸)수는 눈보라에 정(丁)화가 힘을 쓰지 못한다. 시간(時干) 갑(甲)목을 용신(用神)으로 한다. 지지(地支)에서는 진(辰)토가 사용이 가능하다. 자(子)수 역시 물이라 겨울철에 흉신(凶神)이다.

5) 갑(甲)목 일간(日干)과 용신(用神)론

갑(甲)목 일간(日干)은 기본적인 의무가 임(壬)수를 가지고 병(丙)화로 조양해서 결실을 맺는 것이 기본이다. 열매를 수확하고 재목감으로 사용하는 것이다.

따라서 기본적으로 필요한 글자가, 병(丙)화, 임(壬)수, 경(庚)금, 정(丁)화, 진(辰)토 등이 길(吉)한 글자이다. 이런 성정을 염두에 두고 계절별로 용신(用神)을 정하는데 예를 들면 다음과 같다.

인(寅)월 갑(甲)목은 천간(天干)에 병(丙)화를 선용(先用)하고 천간(天干)에 임계(壬癸)수가 나오면 무(戊)토를 사용한다. 그 다음에 천간(天干)에 사용할 글자가 없는 경우 인(寅) 중에서 병(丙)화, 무(戊)토를 사용한다.

묘(卯)월 갑(甲)목은 인(寅)목과 유사하나 지지(地支) 진(辰)토나 계(癸)수보다는 정(丁)화를 사용하고 정(丁)화도 없으면 오(午)화도 사용한다. 묘(卯)는 물기가 있는 습목(濕木)인 연유이다.

진(辰)월 갑(甲)목은 토왕절(土旺節)이라 갑(甲)목을 사용하고 천간(天干)에 경(庚)금이 투간해서 일간(日干) 갑(甲)목을 치는 구조이면 정(丁)화, 병(丙)화도 사용한다. 이때 정(丁)화 병(丙)화가 없으면 진(辰) 중 을(乙)목으로 경(庚)금을 제어하는 것이 우선이다.

일간(日干)은 내 몸이라, 내 몸에게 흉(凶)을 가하는 글자를 먼저 제거하는 것이 용신(用神) 잡는 기본이다.

사(巳)월 갑(甲)목은 갑(甲)목, 을(乙)목, 인(寅)목, 묘(卯)목, 진(辰) 중 을(乙)목 순으로 용신(用神)을 정하는데 정(丁)화가 나오면 계(癸)수, 진(辰) 중 계(癸)수를 사용하기도 한다.

오(午)월 갑(甲)목은 월간(月干)에 경(庚)금이 있고 시간(時干)에 정(丁)화가 나오면 불이 왕(旺)한 계절이라도 정(丁)화를 사용해서 경(庚)금을 제어하므로 귀(貴)가 있는 귀명(貴命)이 된다. 더운 여름철이라 물을 용신(用神)으로 사용한다.

미(未)월에는 갑(甲)목, 을(乙)목을 사용하고 더운 구조이면 금(金)이나 물을 사용한다. 가을철로 들어가는 신(申)월은 병(丙)화, 정(丁)화를 선용(先用)하고 지지(地支) 오(午)화나 오(午), 술(戌), 미(未) 중의 한 글자를 용신(用神)으로 한다.

경(庚)금이 투간 했는데 정(丁)화나 병(丙)화가 없고 지지(地支)에도 화기(火氣)가 없을 때는 월간(月干) 임(壬)수를 사용할 경우가 있는데 이는 경

(庚)금에게 맞는 갑(甲)목을 물을 사용해서 완화시키는 이치이다. 맷집이 있고 강한 성정을 지닌다.

유(酉)월은 병(丙)화, 정(丁)화, 오(午)화를 사용하며 화기(火氣)가 없으면 목(木)을 용신(用神)으로 사용한다.

술(戌)월에는 토(土)가 텁텁한 토라, 갑(甲)목을 선용(先用)하고 천간(天干)에 임계(壬癸)수가 나올 경우에는 무(戊)토를 사용하는데 이때 무(戊)토는 약신(藥神)에 해당된다. 지지(地支)에 화(火)가 많아 더운 구조이면 물을 사용하기도 한다.

해(亥)월에는 정(丁)화, 오(午)화 순으로 용신(用神)을 정하며 정(丁)화와 병(丙)화가 모두 있어도 정(丁)화를 먼저 사용하는데 이는 겨울철 병(丙)화는 힘이 없는 것이라 사용하지 못한다. 다만 아무것도 없을 시에는 병(丙)화를 사용하기도 한다.

자(子)월에는 무(戊)토를 선용(先用)해서 물 제방이 우선이며 지지(地支)에 술(戌), 미(未) 토 등을 사용한다.

축(丑)월에는 목(木)을 먼저 선용(先用)하는데 지지(地支)가 차가우면 정(丁)화를 먼저 사용한다. 지지(地支)에 사인(巳寅) 유축(酉丑) 등으로만 이루어진 갑(甲) 일간(日干)은 불을 먼저 찾아 선용(先用)을 정한다.

[갑(甲)목 종합예제 1]

곤(坤)명

乙	甲	己	己
亥	午	巳	亥

여자 명(命)으로 사(巳)월 갑(甲)목이다. 갑(甲), 기(己), 합(合)으로 나무가 꺾이는 것을 비견에 해당되는 시간(時干) 을(乙)목으로 제어하는 구조이다. 을(乙)목 용신(用神)으로 사(巳)월 을(乙)목 용신(用神) 여자는 예쁘고 화사하다.

여자 명이라 목부금자(木夫金子)에 해당되어 자식 궁에 을(乙)목이 기(己)토를 쳐내니 사람이 약고 똑똑하다.

사주구조로 보면 월간(月干)이나 연간(年干)은 집안이라 집안의 글자 기(己)토가 나 갑(甲)목을 꺾으니 집안은 좋지 못하고 내가 번 것을 친정에 줘야 하므로 친정과는 멀리 떨어지는 것이 길(吉)하다.

대운별로 보면 8세경 경오(庚午) 대운은 시간(時干) 을(乙)목과 경(庚)금이 합(合)해서 흉(凶)하고, 오(午)대운에 해당하는 13세경부터는 을(乙)목이 꽃이 피는 것으로 길(吉)한 환경이다.

18세경 신미(辛未) 대운은 신(辛)금이 을(乙)목을 치니 흉(凶)할 듯하나 미(未)토가 을(乙)목의 뿌리가 되어 해미(亥未) 합(合)이 된다. 그런대로 괜찮고 해미(亥未) 목(木)으로 화(化)한 운이 되어 결혼이 성사된다.

일간(日干) 갑(甲)목이 나요, 용신(用神)이 을(乙)목으로 비견에 해당하니 다른 남자를 만나다가 결혼한다.

28세경 임신(壬申) 운은 을(乙)목 용신(用神)에 지지(地支)가 더워 좋을 듯하나 아니다. 임(壬)수는 을(乙)목을 떠내려 보내는 것이다. 을(乙)목 용신(用神)은 계(癸)수는 견디지만 임(壬)수는 극하는 이치와 같다.

지지(地支) 신(申)금 대운이 길(吉)한 것이다. 신(申)금 대운에 을(乙)목 용신(用神)은 환경이 금(金)으로 이루어진 환경이라 용신(用神)에 해당하는 을(乙)목과 환경에 해당하는 금(金)이 되어 남편이 힘이 없다. 정력도 없어져 부부관계가 원만하지 못한다. 이런 환경에는 여자가 비견 용신(用神)을 사용하는 성정이니 다른 남자를 만나게 된다.

갑(甲) 일간(日干)에 을(乙)목 용신(用神)자는 권모술수가 강하며 다른 남자를 넘본다. 서기 비서직에 알맞으며 갑술(甲戌) 운에 용신(用神) 고장으로 더욱 흉(凶)하다.

[갑(甲)목 종합예제 2]

건(乾)명

丁	甲	乙	己
卯	辰	亥	亥

해(亥)월 추운 계절 갑(甲)목으로 을(乙)목이 기(己)토를 극하고 지지(地支) 진(辰)토가 길(吉)하다. 천간(天干) 정(丁)화를 용신(用神)으로 한다.

계유(癸酉) 대운에 무오(戊午)년보다는 기미(己未)년이 더 길(吉)하다. 기미(己未)년은 진(辰)토가 목극토(木克土)로 맞아 을(乙)이 기(己)토를 잡은 것이라 길(吉)하다. 기(己)토가 계(癸)수를 극해 길(吉)하고 무(戊) 계(癸) 합(合)은 흉(凶)하다. 계(癸)수 운 보다는 임(壬)수 운이 흉(凶)하다.

시간(時干)에서 정(丁) 임(壬) 합(合)은 흉(凶)하여 임신(壬申)년은 흉(凶)하다. 진(辰)토의 머리인 기(己)토는 내가 잡은 것이라 보통이나 무(戊)토가 오면 흉(凶)하게 된다. 오(午)운이 오면 환경은 길(吉)하나 지지(地支)에서 수용이 안 되어 결과는 좋지 못하다.

1.2 을목(乙木)

을(乙)목은 바람에 잎이 흔들리는 모습을 형상화한 글자이다. 화초에 해당하며 싹이 움트는 모습에 해당된다. 밝고 명랑 가벼움을 주는 글자이며, 갑(甲)목을 좋아하고 태양과 계(癸)수를 사랑한다. 의무로는 새, 꽃으로 남에게 기쁨과 즐거움을 주기 위해 태어났다.

1) 봄철 을(乙)목

봄철 을(乙)목은 봄의 꽃으로 개나리, 진달래, 연산홍에 해당된다. 성정이 맑고 명랑, 쾌활하며 깨끗하다. 봄이 오면 가장 먼저 피는 꽃으로 사람으로 보면 일찍 성숙한 것으로 애정 관계도 일찍 경험할 수 있다.

봄철 태어난 을(乙)목 일간(日干)은 자라면서 어린 나이에 일찍 바람이 날 수 있다. 성장하기 위해 병(丙)화를 필요로 하며 지지(地支)에 진(辰)토나 자미(子未)토가 있어 토양의 구조를 이루면 길(吉)해서 부귀(富貴)영화가 가능하다.

천간(天干)에 병(丙)화가 나오더라도 임(壬)수나 계(癸)수가 있으면 태양을 볼 수 없어 활짝 피지 못해 건강이 안 좋고 금전적으로도 고통이 있다.

지지(地支)에서 갑(甲)목과 같이 꽃의 뿌리가 상하면 흉(凶)해서 금신(金神), 즉 사유축(巳酉丑) 신(申)금이 없는 것이 길(吉)하다.

금신(金神)이 있어 뿌리가 상하는 것을 막으려면 지지(地支)에 화기(火氣), 오술미(午戌未)가 있어 금신(金神)을 제어해 주면 흉(凶)을 제어한 것으로 길(吉)하게 된다. 이는 애초에 흉(凶)한 것 없이 길(吉)한 구조가 되면 좋겠지만 흉신(凶神)이어도 제어할 수 있는 글자가 있으면 길(吉)한 구조가 된다.

봄철 을(乙)목은 자존심이 강하며 말을 잘할 뿐만 아니라 입이 가벼운 경우가 많다. 또한 어린 아이처럼 행동하며 밝고 명랑한 성정을 가진다.

지지(地支)에서 금신(金神)이 있으나 화기(火氣)가 없어 제어를 못한 구조이면 여자는 남편 덕(德)이 없는 경우가 많고, 한평생 해로하기가 어렵다. 심하면 남편에게 매 맞는 경우도 있는데 을유(乙酉), 을축(乙丑) 일주가 특히 그렇다.

천간(天干)에 을(乙)목 일주가 기(己)토가 있으면 기(己)토는 밭이요 거리라, 길가에 핀 꽃으로 화류지명에 종사하는 경우가 있다.

을(乙)목 일주가 옆에 갑(甲)목이 있으면 또 다른 내가 갑(甲)목이 되어 비견에 해당하므로 후처지명이 많다. 비서직, 참모직에 종사하게 된다.

[사주명 예 13]

곤(坤)명

甲	乙	壬	壬
申	未	寅	辰

인(寅)월 을(乙)목으로 시간(時干) 갑(甲)목 나무 밑에 개나리에 해당된다. 태양이 필요하니 인(寅) 중 병(丙)화를 용신(用神)으로 한다. 지지(地支)에서는 진(辰)토가 용신(用神)이다. 선용(先用)은 병(丙)화가 되는데 진(辰)토는 공협의 묘(卯)에 맞는 것이라 차용(次用)으로 사용한다.

[사주명 예 14]

辛	乙	癸	丁
巳	丑	卯	未

　묘(卯)월 을(乙)목으로 시간(時干) 신(辛)금이 나를 치는 흉신(凶神)이며 정(丁)화가 있어 신(辛)금을 눌러 주면 좋은데 월간(月干) 계(癸)수에 맞은 정(丁)화라 힘이 없어 못 누른다.

　지지(地支) 축(丑)과 묘(卯)목 사이에 인(寅)목이 있어 인(寅) 중 병(丙)화가 용신(用神)이다. 공협의 용신(用神)으로 미약하고 지지(地支) 금신(金神)이 있어 금(金)과 목(木)이 싸움이 일어나는 운에서 남자와 이별할 수 있다.

[사주명 예 15]

癸	乙	庚	乙
未	丑	辰	未

　진(辰)월 을(乙)목으로 시간(時干) 계(癸)수는 흉신(凶神)이다. 월간(月干) 경(庚)금과 합(合)해 시간(時干) 흉신(凶神) 계(癸)수를 피한 합(合)으로 길(吉)한 구조이다. 아버지 덕(德)이 있다.

　연간(年干) 을(乙)목을 용신(用神)으로 지지(地支) 미(未)토가 을(乙)목의 뿌리로 길(吉)하다. 을(乙)목에 경(庚)금은 바위로 을(乙)목 꽃을 누른 바위에 해당하나 이 명(命)은 시간(時干) 흉신(凶神)을 피한 합(合)으로 길(吉)한 것이다.

2) 여름철 을(乙)목

사오미(巳午未)월, 여름철 꽃으로 목단, 장미에 해당하는 꽃이다. 봄꽃인 개나리, 진달래보다는 중후하고 무게가 있으며 점잖다. 여름철에도 꽃은 병(丙)화가 있어야 힘이 있고 생기가 있는 것으로 활짝 피어 그 소임을 다하기 위해 지지(地支)에는 물기가 있어야 가능하다. 지지(地支)에 물기가 없을 때는 토라도 있어야 의식(衣食) 걱정이 없는 명(命)이 된다.

여름철이라 더우니 태양이 없어도 된다고 생각하면 오산이다. 아무리 기름진 땅에 심겨 있어도 태양을 봐야 꽃은 활짝 피는 것이다. 덥다고 태양 없이 여름에 임(壬)수나 계(癸)수가 천간(天干)에 나오면 홍수와 장마에 젖은 꽃으로 자랄 수가 없고 시들어 병이 들게 되니 늘 근심 걱정에 병으로 고생을 하게 된다.

여름철 꽃은 지지(地支)에 인묘진(寅卯辰) 중 한 글자가 없어도 살아 있는 꽃으로 보며 만약 한 글자가 있으면 지지(地支)에 금신(金神)이 없어야 한다.

여름철이라 물기가 필요한데 지지(地支)에서 신자진(申子辰)을 사용하며 신(申)금은 금신(金神)이므로 인묘진(寅卯辰)과는 떨어져 있어야 한다.

천간(天干)에서 임(壬)수나 계(癸)수를 사용하는 경우에 천간(天干)에 정(丁)화가 나와 꽃을 위협할 때이다.

임계(壬癸)수가 없을 때는 토(土)라도 나와 줘야 하는데 그 이유는 불이 났을 때 물이 없으면 흙으로 끄는 이치와 같다.

무(戊), 기(己)토가 나오면 가난한데 신(辛)금이 있을 경우에 매금을 하는데 이용하여 좋기는 하나 외로운 명(命)이다.

오(午)월 을유(乙酉) 일주는 일지가 유(酉)금으로 금(金)을 오(午)화가 짓이겨서 파상하니 남편이 힘들고 심하면 지랄병을 할 수가 있다.

미(未)월 을(乙)목은 병(丙)화에 진(辰)토가 있으면 미모가 좋고 재치가 있으며 글을 잘 쓰고 재주가 뛰어나다.

미(未)월에 경(庚)금과 신(辛)금이 있어 금신(金神)이 있으면 우박서리에 맞은 장미에 해당하니 상처를 입고 냉해를 입은 것으로 결혼 후에 매사 불성하며 흉(凶)하게 된다.

더운 여름철이라 수(水)를 용신(用神)으로 사용하는 경우가 많은데 미(未)월 을(乙)목은 나무와 물을 용신(用神)으로 하는 경우가 많아 여자인 경우 남편이 여러 명 있을 수 있다. 용신(用神)이 많은 여자는 여러 명의 남자를 경험하게 된다.

[사주명 예 16]

건(乾)명

辛	乙	丁	戊
巳	巳	巳	子

사(巳)월 을(乙)목으로 시간(時干) 신(辛)금이 흉신(凶神)이다. 흉신(凶神)을 제어하기 위해 정(丁)화를 용신(用神)으로 하고 지지(地支)에서 자(子)수를 용신(用神)으로 한다.

월간(月干) 정(丁)화 용신(用神)으로 아버지 덕(德)이 있어 유산으로 물려받은 재산이 있다. 직업으로는 정(丁)화와 자(子)수를 사용하므로 전기업이 알맞다.

건(乾)명

壬	乙	丙	丁
午	丑	午	丑

오(午)월 을(乙)목으로 병(丙)화가 길(吉)하나 정(丁)화 불을 잡는 것이 우선이라, 시간(時干) 임(壬)수를 용신(用神)으로 하며 일지의 축(丑) 중 계(癸)수도 사용한다. 용신(用神)이 여럿이라 두 집 살림도 가능하다.

[사주명 예 18]

곤(坤)명

己	乙	辛	甲
卯	丑	未	辰

여자 명(命), 미(未)월 을(乙)목이다. 월간(月干) 신(辛)금이 흉신(凶神)이며 지지(地支)가 더운 계절이라 물기가 필요한데 일지가 축(丑)으로 물기가 있는 듯하지만 힘이 약하다.

을(乙)목이 필요한 것은 병(丙)화인데 병(丙)화가 와도 합(合)이 되어 별로다. 필요한 글자가 오면 용신(用神)이 왕(旺)해야 하는데 흉신(凶神)이 있어 방해하면 세상살이가 힘들다.

3) 가을철 을(乙)목

가을철 을(乙)목은 국화, 코스모스에 해당하는 꽃으로 우아하고 단아하며 예쁘다. 가을철 국화나 코스모스는 병(丙)화가 남편인데 가을철 병(丙)화가 약해 남편의 능력이 무능한 경우가 많다.

꽃을 여성으로 봐서 벌과 나비가 남성인데 봄여름에는 나비가 힘차고 활기차며 가을철에는 벌과 나비가 없거나, 있다고 해도 힘이 없고 풍뎅이와 쇠파리만 많으니 남편 덕(德)이 없고 고독한 경우가 많다.

가을철에도 꽃은 병(丙)화를 봐야 길(吉)하며 지지(地支)에 진(辰)토가 있으면 모든 것을 성취할 수 있는 귀(貴)한 명(命)이 된다.

무(戊)토가 천간(天干)에 나오면 금신(金神)을 묻어 그 위에 꽃을 심을 수 있으니 좋으나 외로운 명(命)이다.

을(乙)목은 기(己)토를 만나면, 길거리, 들판에 핀 꽃으로 여자 명은 화류계 아닌 화류계의 생업을 살게 되며 여러 명의 남자를 만나게 된다.

가을철에 화기(火氣)가 없을 때도 수(水)를 사용하지 못하는데 수(水)가 많으면 가을꽃이 서리를 맞고 홍수 장마에 병들어 흉(凶)하게 된다.

가을철은 춥고 한랭한 계절이라 지지(地支)에 인(寅)목, 오(午)화, 미(未)토 등이 있어 금신(金神)을 제어하면 을(乙)목의 뿌리를 안전하게 보존한 것으로 공포에서 벗어난 형상으로 유능하며 일을 수행하는 데 어려움이 없다. 만약 화기(火氣)가 없이 뿌리가 상하게 되면 병으로 고생하거나 갑자기 사망하는 경우가 발생하며 삶이 고통스럽다.

[사주명 예 19]

건(乾)명

癸	乙	壬	甲
未	亥	申	午

남자 명(命), 신(申)월 을(乙)목이다. 시간(時干) 계(癸)수나 월간(月干) 임(壬)수 모두 흉신(凶神)이다. 따뜻한 불을 원하며 오(午)화 용신(用神)이다. 연간(年干) 갑(甲)목도 용신(用神)으로 사용하나 차용(次用)이다.

축(丑)대운에 일간(日干) 뿌리 미(未)토와 용신(用神)이 모두 고장이라 돈 나가고 이혼까지 힘든 세월이다.

[사주명 예 20]

곤(坤)명

丁	乙	辛	癸
亥	酉	酉	未

유(酉)월 을(乙)목으로 월간(月干) 신(辛)금이 나를 치는 흉신(凶神)이다. 흉신(凶神) 제거하기 위해 시간(時干) 정(丁)화를 용신(用神)으로 사용한다. 연간(年干) 계(癸)수도 흉신(凶神)인데 계(癸)수를 제거하는 운이 오면 길(吉)하게 된다.

지지(地支) 미(未)토는 나의 뿌리요, 용신(用神)의 뿌리라, 미(未) 중 정(丁)화가 유(酉)금을 물리치는 구조이다.

[사주명 예 21]

곤(坤)명

丙	乙	丙	乙
戌	巳	戌	巳

여자 명으로 술(戌)월 을(乙)목이다. 가을 코스모스가 태양을 보고 방

긋 웃는다. 가을 코스모스라고 해서 예쁘지 않다. 술(戌)월이라 술(戌)은 병(丙)화 고장으로 미모는 안 된다.

연간(年干) 을(乙)목도 태양을 보고 있어 한 남자를 같이 나눈 형상이다. 첩(妾)지명이다.

4) 겨울철 을(乙)목

겨울철 을(乙)목은 병(丙)화를 싫어하고 정(丁)화를 더욱 그리워한다. 병(丙)화 정(丁)화가 계절에 따라 힘이 다르기 때문이다.

겨울철 태양은 힘이 없고 온실 속의 난로이며, 정(丁)화가 나를 생해 주는 힘이다. 정(丁)화가 온실 속에서 을(乙)목을 키워 주는 구조이면 추운 겨울에도 편안히 살 수 있는 명(命)이다.

겨울철이라 정(丁)화를 보존하기 위해서는 커튼, 산에 해당하는 무(戊)토가 나와 보호해 줘야 방한 방수를 해 주는 것으로 대길하게 된다.

지지(地支)에서도 오술미(午戌未) 중 한 글자가 있어 따뜻하게 온기(溫氣)를 보호해 주면 추위에 떨지 않고 안락한 가정을 이룰 수 있다.

천간(天干)에 무(戊)토, 정(丁)화가 없고 병(丙)화가 나와 있으면 초년에는 병(丙)화가 힘을 발휘 못하니 힘들지만 돌아오는 봄, 여름에 태양의 역할을 발휘하니 발전하는 운이 된다. 다만 지지(地支)에서 을(乙)목의 뿌리가 보존되어 금신(金神)에 상하지 말아야 하는 것은 물론이다.

꽃이 태양을 보고 좋은 환경이어도 뿌리가 상하면 잘 자라지 못하는 것은 당연한 이치다.

겨울철에는 우박, 눈보라, 비가 오면 꽃은 시들고 병들어 단명하거나 갑자기 사망하는 경우가 발생한다. 따라서 겨울철에 천간(天干)에 금수(金水)가 나오지 말아야 한다.

임(壬)수와 계(癸)수가 천간(天干)에 나온 을(乙)목 여자 명은 자궁이 아픈 경우가 많고 대운이 올 때에도 자궁에 관련된 병이 발생하니 조심해야 한다.

축(丑)월 을(乙)목이 일점 화기(火氣) 없이 태어나면 부모 환경이 힘들어 거지 생활을 하게 되며 돌아오는 봄여름에 조금이나마 먹고 살게 된다.

[사주명 예 22]

건(乾)명

丁	乙	丁	庚
亥	亥	亥	寅

남자 명(命), 해(亥)월 을(乙)목으로 시간(時干) 정(丁)화를 용신(用神)으로 한다. 묘(卯)운이 오면 일시지(日時支)에 해(亥)와 합(合)해서 목(木)으로 변하니 여자 문제가 많고 많이 만나게 된다. 해(亥)일지에 목(木)이 아내라 첩(妾)을 여러 명 두고 산다.

[사주명 예 23]

곤(坤)명

辛	乙	丙	己
巳	丑	子	亥

자(子)월 을(乙)목으로 병(丙)화가 있으나 겨울 병(丙)화로 힘이 약한데 거기다가 병(丙) 신(辛) 합(合)이 되었다. 무기력한 것이다.

물이 왕(旺)한 계절이라 사(巳) 중 무(戊)토를 용신(用神)으로 해서 따뜻하게 해야 산다.

신사(辛巳) 대운에 내가 원국에 가진 사(巳)가 또 다시 오는데 합(合)이 되어 나도 남편도 모두 힘이 든다. 동백꽃으로 참다가 터지는 격이다.

기축(己丑)년에 기(己)토는 흉신(凶神) 신(辛)금을 생해 주어 흉(凶)하고 축(丑)이 다시 와서 합(合)하니 이혼을 요구한다.

[사주명 예 24]

건(乾)명

庚	乙	丁	己
辰	未	丑	亥

축(丑)월 을(乙)목으로 정(丁)화로 경(庚)금을 제어하니 천간(天干)에서는 정(丁)화를 사용하고 축(丑)월이라 진(辰) 중 을(乙)목도 사용하고 미(未) 중 을(乙), 해(亥)중 갑(甲)도 내게 도움 되는 글자이다.

술(戊)토 운이 오면 내 일간(日干)도 고장이요 진(辰)도 고장이라 힘들고 사망할 수 있다.

5) 을(乙)목 일간(日干)과 용신(用神)론

인(寅)월 을(乙)목은 필요로 하는 글자가, 천간(天干)에서 병(丙)화, 지지(地支)에서 진(辰)토가 있으면 길(吉)하게 된다.

인(寅)월에 을(乙)목이 일간(日干) 외에 을(乙)목이 더 나오거나, 묘(卯)

목이 있으면 무(戊)토를 선용(先用)하기도 한다.

묘(卯)월에는 무(戊)토 보다는 기(己)토부터 사용하는데 무(戊)토는 을(乙)목이 치는 것에 해당하고 기(己)토는 먼지를 제거하는 것으로 할 일을 하는 데서 기인한다.

따라서 을(乙)목은 병(丙)화를 선용(先用)하고 정(丁)화, 기(己)토, 미(未)토를 사용하며, 병(丙)화 정(丁)화가 없으면 기(己)토를 사용하는데 임(壬)수가 있어 탁수(濁水)가 우려되는 구조이면 사용하지 못한다.

묘(卯)월은 물기 습기가 많은 계절이라 을(乙)목 일간은 정(丁)화를 사용할 수 있다. 진(辰)월에는 갑(甲)목을 사용하고 경(庚)금, 신(辛)금이 나올 때에는 정(丁)화를 사용해서 금신(金神)을 제어해야 한다.

사(巳)월에는 갑(甲)목을 선용(先用)하고 정(丁)화가 나오면 갑(甲)목, 을(乙)목이 있더라도 연간(年干) 임(壬)수를 사용할 수 있다. 더운 여름철에 임(壬)수를 사용해서 정(丁)화를 제어해야 을(乙)목이 살 수 있다.

오(午)월에 지지(地支)가 조열해도 천간(天干)에서 임(壬)수를 사용하는 것보다 병(丙)화를 선용(先用)해야 하며, 병(丙)화가 없을 시 임(壬)수를 사용하는 것이 순서이다.

을(乙)목은 더운 여름철에도 병(丙)화를 봐야 하는 것이다. 더운 오(午)월이라도 경(庚)금과 신(辛)금이 나와 을(乙)목을 위협하는 구조이면 정(丁)화를 사용해 용신(用神)으로 하는데 이때도 지지(地支)에서 용신(用神)의 뿌리 오(午)화를 끄는 구조이면 흉(凶)하게 된다.

미(未)월에는 대부분 나무를 선용(先用)하나, 지지(地支)에 신자진(申子辰) 축(丑) 한 글자도 없어 조열하면 천간(天干)에서 임(壬)수를 사용할 수 있다. 사오미(巳午未)월 토로만 이루어진 구조이면 미(未) 중 을(乙)목보다는 천간(天干)에서 임(壬)수를 사용한다.

신(申)월에는 지지(地支)에 오(午), 미(未)가 있어도 병(丙)화, 갑(甲)목을 사용한다. 병(丙)화 없으면 정(丁)화를 사용하나 갑(甲)목이 나오면 갑(甲)목을 사용한다.

유(酉)월은 병(丙) 정(丁)화가 나오면 병(丙)화, 경(庚)금, 신(辛)금이 있으면 정(丁)화를 약신(藥神)으로 사용하고, 천간(天干)에 병(丙)화 정(丁)화도 없고 갑(甲)목 을(乙)목도 없으면 사(巳) 중 병(丙)화라도 사용한다.

신(申)월 유(酉)월의 을(乙)목 일간(日干)은 천간(天干)에 병(丙)화 보면 미모가 있어 예쁘나, 술(戌)월에는 병(丙)화가 있어도 예쁘지 않다. 이는 술(戌)은 을(乙)목 병(丙)화 고장, 휴수에 해당하기 때문이다.

술(戌)월에는 대부분 목(木)을 사용하나 경(庚)금, 신(辛)금이 나오면 병(丙)화, 정(丁)화 순으로 사용한다. 정임(丁壬) 합(合)이 되면 정(丁)화를 선용(先用)하지 못하며 미(未)중 을(乙)목보다는 해(亥)중 갑(甲)목을 선용(先用)으로 한다.

술(戌)월에 미(未)토가 더 있으면 건조하니 자(子)수를 차용(次用)한다. 술(戌)이 흉신(凶神)이라도 해자축(亥子丑)운에 술(戌)토는 희신(喜神)이 되는데 술(戌)토는 따뜻한 연탄재와 같은 토이다.

해(亥)월에는 정(丁)화, 무(戊)토 순으로 용신(用神)으로 사용하고 임(壬)수와 계(癸)수가 나오면 정(丁)화보다는 무(戊)토를 선용(先用)하며, 겨울 눈보라를 제어하는 것이 우선이다.

자(子)월에는 병(丙)화, 무(戊)토, 정(丁)화 지지(地支) 미(未)토, 오(午)화 순으로 용신(用神)을 정하는데 병(丙)화를 우선해서 지지(地支) 미(未)토보다 선용(先用)한다. 돌아오는 봄여름에 활짝 피는 것을 기대하면서 정하는

데, 따뜻한 온실의 구조를 이룰 수 있으면 정(丁)화, 무(戊)토를 사용함은 당연하다.

겨울철에 무(戊)토, 정(丁)화, 병(丙)화, 지지(地支)의 오(午)화, 술(戌)토, 진(辰)토도 없으면 갑(甲)목을 사용한다.

[을(乙)목 종합예제 1]

丁	乙	戊	庚
亥	亥	子	寅

남자 명(命), 자(子)월 을(乙)목이다. 시간(時干) 정(丁)화, 월간(月干) 무(戊)토가 길(吉)한데 무엇을 선용(先用)으로 할까? 추운 겨울이라 불이 필요한데 지지(地支)는 너무 물이 왕(旺)해서 물부터 막고 불을 지펴야 한다.

월간(月干) 무(戊)토는 경(庚)금에 설기되어 힘이 약간 빠진 것이다. 그래도 물 막는 것이 우선이니 무(戊)토를 선용(先用)하고 정(丁)화를 차용(次用)한다.

토자화처(土子火妻)에 해당되어 계사(癸巳) 대운에 사(巳)화는 공협의 축(丑)과 합(合)해 사(巳) 축(丑) 합(合)으로 인(寅)목, 용신(用神)의 뿌리를 치는데 사(巳)화는 사(巳) 중 무(戊)토가 있어 용신(用神)이 왕(旺)해지는 운이니 직장에서 승진(辰) 운이 있는 것이다. 일지와 사해(巳亥) 충(沖)으로 아내와 갈등이 많다. 아내와 대화를 원만하게 풀어 가지 않으면 이혼 가능성이 있다. 을해(乙亥) 일주는 사(巳)운에 아내와 애로가 많다.

[을(乙)목 종합예제 2]

癸	乙	庚	庚
未	酉	戌	亥

여자 명(命), 술(戌)월 을(乙)목, 코스모스, 국화에 해당된다. 가을 국화는 운이 어디로 가도 좋은 남편 만나기 힘들고 술(戌)월에 병(丙)화를 보면 예쁘지 않는데 경(庚)금을 누른 정(丁)화를 용신(用神)으로 괜찮은 미모다.

정(丁)화가 계(癸)수로 인해 경(庚)금을 누르지 못해 성질이 더럽고 욕을 잘하며 지지(地支)에 미(未)토가 있고 미(未) 중 을(乙)목이 있으니 사목(死木)으로 보지 않는다.

정(丁)화가 원래 본 남편인데 해자축(亥子丑) 운(運)에서는 정(丁)화를 사용하고 갑인(甲寅) 대운에는 병(丙)화가 나오니 인술(寅戌) 합(合)을 이루어 남편을 바꾼다. 정(丁)화가 본 남편보다는 병(丙)화가 더 좋아 보인다.

인(寅)운이 오나 원국에서 인(寅)목을 받을 글자가 없으니 속이 상하고 인(寅) 묘(卯) 대운 중에 인묘진(寅卯辰) 사오미(巳午未)년에는 젊은 남자와 놀다가 신유술(申酉戌) 해자축(亥子丑)년에는 나이든 남자와 만난다.

인묘진(寅卯辰)은 어린 글자라 어린 사람과 어울리고 신유술(申酉戌) 해자축(亥子丑)은 나이 든 글자라 나이 든 사람과 만난다.

묘(卯)운에는 묘(卯)가 일간(日干) 을(乙)목의 뿌리인데 술(戌)에 타니 속이 끓고 힘들다. 묘(卯)운에 가을 국화가 비를 맞은 꽃이라 눈물이 많고 천한 짓을 많이 해서 화류계 아닌 화류계 삶을 살게 된다.

병진(丙辰) 대운은 을(乙) 일간(日干)이 진(辰) 중 을(乙)목에 안착하려는

데 원국에 술(戌)토가 있어 안착을 못해 흉(凶)하다.

가을 국화는 술(戌)월에 유(酉)금을 싫어하는데 일지에 유(酉)금이 있고 운에서 금(金)운이 오니 좋은 남편을 만나지 못하고 관계도 어렵다. 남편 덕(德)이 없다.

1.3 병화(丙火)

태양이며 명랑하고 화사하다. 문화를 아는 인자에 해당되며 화(火)는 인류의 문명을 열어 준 모성으로 만물이 병(丙)화를 떠나서는 살 수 없고 생존할 수 없다.

1) 봄철 병(丙)화

병(丙)화는 하늘에서는 태양이요, 지상에서는 전등과 같이 빛을 내는 것이다. 병(丙)화는 만물을 기르는 것으로, 물을 가지고 나무를 기르는 것이 기본 의무이다.

태양은 확대의 신으로 모든 면에서 박학다식해서 잘난 체를 하며, 하늘을 상징하고 있어 자존심도 강하며 불같은 성정이 있어 성격이 급한 면이 있다.

일반인들이 임(壬)수와 갑(甲)목을 가지고 병(丙)화가 있으면 최상의 길(吉)명이다. 임(壬)수는 귀(貴)에 해당해서 귀티가 있으며 영광, 명예가 있다.

갑(甲)목을 가지면 갑(甲)목은 열매, 과실수를 키우는 것이라. 부자이다.

을(乙)목은 소부(小富)에 해당한다. 임(壬)수가 없고 갑(甲)목이 있으면 월급쟁이, 기술자에 해당하고 남에게 기대어 산다. 일이 허망하고 아무리 노력을 해도 자신에게 공이 돌아오는 것은 없다. 태양이 키울 재주가 많아 노력을 하지만, 임(壬)수가 없어 귀(貴)가 없는 연고이다.

갑(甲)목이 나와 있는 것은 곡식을 키우는 것으로 성실하며 갑인(甲寅), 갑진(甲辰) 일간(日干)은 길(吉)하고 갑자(甲子)는 중길(中吉)이요, 갑신(甲申)은 소길(小吉)에 해당한다.

천간(天干)에 신(辛)금이 나와 병(丙)화를 합(合)하면 자신의 본분을 잊어버린 것으로 할 일을 하지 않고 정해진 거처가 없다. 이때는 정(丁)화가 있어 신(辛)금을 제어하면 비견으로 신(辛)금을 물리친 것으로 길(吉)하며, 친구들을 이용해 생활이나 사업을 잘한다.

임(壬)수가 있어 갑(甲)목 대신에 을(乙)목이 있으면 꽃에 임(壬)수 물을 부은 것으로 몸이 아프고 꽃을 키우는 형상이서 바람만 피우고 놀이에만 취미가 있어 허송세월하는 한량의 삶을 산다.

병(丙)화 일주는 을(乙)목이 나오고 천간(天干)에 물이 있으면 꽃에 물을 주는 것으로 바람둥이 기질이 있다.

병(丙)화 일주는 무(戊)토가 나오면 산이 태양을 가린 것으로 게으르며, 기(己)토가 나오면 태양광채가 땅에 떨어진 것으로 부지런히 일은 하나 공(功)이 없다.

기(己)토는 갑(甲)목이 오면 합(合)하니 재물로 인해 힘이 들고 돈이 나가니 삶이 괴롭다. 키울 나무를 키우지 못하고 누워 버렸기 때문이다.

천간(天干)에서 기(己)토는 임(壬)수도 피해야 하는데 임(壬)수가 기(己)토를 만나면 논밭에 바닷물이 들어온 것으로 혼탁한 물이 되어 흉(凶)하다.

기(己)토가 연간(年干)에 있어 임(壬)수와 합(合)하면 조상 때 집안이 망한 것이요, 월간(月干)이면 부모 때에 망한 것이요, 시간(時干)에서 임(壬)수와 합(合)하면 자식 때에 집안이 망하게 된다.

병(丙)화는 천간(天干)에서 비가 오는 것을 가장 꺼리고, 계(癸)수가 나오는 것을 흉(凶)하게 본다. 무능하고 남에게 욕을 먹는 경우가 많은데 힘이 없으며 농사철에 농사를 못하게 비가 오니 구름 낀 날씨, 좋지 않은 날씨가 지속된다고 욕하게 된다. 비 오는 날에 태양이 아무 소용없는 이치이다.

[사주명 예 25]

건(乾)명

乙	丙	庚	辛
未	戌	寅	巳

남자 명(命)으로 인(寅)월 병(丙)화이다. 병(丙)화는 인(寅)월에 토(土)부터 사용하는데, 술(戌)토를 사용한다.

유(酉)금 대운에 술(戌)토는 설기되어 힘이 빠진다. 일간(日干) 병(丙)화도 술(戌)토에 고장을 보유한 글자이다. 금(金) 대운이 와서 인(寅)목을 치니 흉(凶)하다.

[사주명 예 26]

건(乾)명

辛	丙	癸	壬
卯	午	卯	寅

묘(卯)월 병(丙)화로 월간(月干) 계(癸)수가 흉신(凶神)인데, 시간(時干)

신(辛)금으로 합(合)해 흉(凶)을 피한 구조이다. 본인은 흉(凶)을 피해 먹고 사는 것은 해결하나 내부적인 문제, 집안 문제로 항상 힘들다.

묘(卯)목이 시지(時支)와 월지(月支)에 있는데 병(丙)화의 욕지라, 자식이나 어머니로 인해 말 못할 고민이 있다. 계(癸)수를 제어하는 인(寅) 중 무(戊)토를 선용(先用)한다.

[사주명 예 27]

곤(坤)명

丙	丙	戊	己
申	子	辰	亥

진(辰)월 토왕절(土旺節)에 병(丙)화라 천간(天干)에서 키울 나무가 없는 것이 흠이다. 태양이 두 개 있지만, 키울 재목이 없으니 할 일은 운에서 오는 것을 기대해야겠다.

진(辰)중 을(乙)목을 용신(用神)으로 한다. 해(亥) 중 갑(甲)목도 사용해서 운에서 을(乙)목과 갑(甲)목이 올 때 길(吉)한 것을 기대하라.

2) 여름철 병(丙)화

여름철 병(丙)화는 힘차고 활기가 있는 태양이다. 어디를 가든 환대 받고 환영받는다. 한곳에 앉아 있지 못하고 일을 해야 직성이 풀리는 활동적이고 적극적인 성정을 가진다.

자기 할 일은 임(壬)수를 가지고 갑(甲)목을 기르는 것으로 임(壬)수와 갑

(甲)목을 가지고 있으면 부귀(富貴)를 소유한 사람으로 재물이나 명예로 이름을 날릴 수 있는 명(命)이나 반드시 지지(地支)에 수기(水氣)가 있어야 한다.

여름철에는 조열하니 지지(地支)에 물기가 반드시 있어야 한다는 조건이다.

임(壬)수와 갑(甲)목이 있어도 지지(地支)에 수기(水氣)가 없어 조열하면 겉모양은 화려하고 부귀(富貴)하게 보여도 본인은 정작 속이 상하고 실속이 없어 가난에 허덕이고 허망한 삶을 살게 된다.

여름철에 수기(水氣)가 없으면 무(戊)토나 기(己)토를 사용하기도 하지만 무(戊)토는 사용 가능하나 기(己)토는 가려서 사용해야 하는데 갑(甲) 기(己) 합(合)으로 재물이 나가거나 임(壬)수와 탁수(濁水)를 이루기 때문이다.

지지(地支)에서 인(寅), 오(午), 술(戌), 화국(火局)을 이룬다고 해서 천간(天干)에서 계(癸)수를 사용하지 못하는데 그 이유는 계(癸)수는 비에 해당되어 병(丙)화를 힘쓰지 못하게 해서 무용지물이 되기 때문이다.

여름철 병(丙)화는 희망을 가지고 의욕적이며 인기가 있고 능력을 발휘할 수 있는 계절에 태어난 사람으로 힘이 왕(旺)하고 조열해 임(壬)수가 있고 지지(地支)에 신(申), 자(子), 진(辰)이 있어 임(壬)수의 뿌리를 이루면 길(吉)한 구조이다.

갑(甲)목은 열매요, 부(富)에 해당하고, 을(乙)목은 화사하고 문화 예술 쪽에 해당한다.

병(丙)화가 갑(甲)목을 키우는 것보다 을(乙)목을 키우게 되면 부(富)가 부족하고 일시적으로 부(富)가 있다 해도 말년에는 부(富)가 부족해서 가난하게 되는 것이니 사람은 자신의 본분을 알고 미래를 준비해서 계획성 있게 사는 것이 중요하다.

난강망은 이처럼 살아가는 이치를 자연의 이치와 연계한 이치교훈의 이론이다.

천간(天干)에 임(壬)수가 있다 해도 무(戊)토가 있어 임(壬)수를 극하게 되면 자신의 물을 극해서 중도에 좌절하게 되고 단명할 수 있으니 조심해야 한다.

사(巳)월 병(丙)화는 임(壬)수가 있어도 금신(金神)과 싸움을 이루는 구조이면 갑(甲) 을(乙)목이나 지지(地支)에 인묘진(寅卯辰)이 없는 것이 낫다. 키울 나무를 지지(地支)에서 금(金)으로 쳐버리면 힘들게 노력하나 공이 없어 고통이 심하게 된다.

미(未)월 병(丙)화는 토(土)월이라 목(木)을 용신(用神)으로 사용하는데 반드시 지지(地支)에 물기가 있어야 가능하다.

미(未)월은 온기(溫氣)를 가지고 있는 글자로 더운 여름에 물기가 있어야 토(土)의 역할을 제대로 할 수 있는 것이다.

병(丙)화가 나무가 없으면 할 일이 없는 것으로 본인도 빈 땅에 나무를 심지 않으려 해서 게으르고 먹을 것이 없게 된다.

[사주명 예 28]

곤(坤)명

壬	丙	辛	乙
辰	戌	巳	巳

사(巳)월 병(丙)화로 나무를 심어야 하므로 을(乙)목을 용신(用神)으로 한다.

월간(月干) 신(辛)금이 을(乙)목 치는 것을 자신이 병신(丙辛) 합(合)으로 막는 구조이다. 몸을 던져 용신(用神)을 구하는 것으로 남편에게 잘한다.

[사주명 예 29]

곤(坤)명

丙	丙	庚	辛
申	戌	午	卯

오(午)월 병(丙)화로 지지(地支) 신(申)금은 경(庚)금의 뿌리라, 술(戌)에 신(申)금이 녹지 않고 단단하다. 살결이 희고 팽팽하다.

지지(地支)에 물이 없어 몸이 아프고 신(申) 중 임(壬)수와 묘(卯)목을 사용한다.

[사주명 예 30]

건(乾)명

戊	丙	癸	乙
申	戌	未	酉

미(未)월 병(丙)화로 을(乙)목을 용신(用神)으로 하며 지지(地支)에서 신(申) 중 임(壬)수를 차용(次用)한다.

부모 형제가 부덕한 것은 월간(月干) 계(癸)수가 흉신(凶神)이고 월지(月支), 미(未)토가 불을 더 나오게 하니 흉(凶)하다.

시지(時支)에서 신(申)금이 돈에 해당하는 인(寅)목을 쳐내니 힘들고 돈을 까먹는 구조가 된다.

기묘(己卯) 대운은 묘(卯)목이 술(戌)토를 치고 더구나 미(未)토와 합(合)

해서 더욱 치게 되니 아내에게 문제가 있으며 관계가 어렵다.

무인(戊寅) 대운은 인(寅)목이 와서 더욱 불을 지피니 물이 그리워 물과 관련된 일을 한다.

3) 가을철 병(丙)화

가을철 병(丙)화는 병(丙)화의 기(氣)가 약하다고 하나 결실의 계절이니 임(壬)수와 갑(甲)목을 만나면 부(富)를 이룰 수 있는 구조이다.

화(火)의 기(氣)가 약해 목(木)을 먼저 사용하니 반드시 생목(生木)과 사목(死木)을 가려서 돌아오는 봄에 운이 피는지, 겨울에 재목감으로 사용하는지를 간명해야 한다.

지지(地支)에 갑(甲)목의 뿌리인 인묘진(寅卯辰)이 있으면 신유술(申酉戌)에 극을 받으니 오(午)화가 있어 금(金)을 제어해야 길(吉)한 구조가 된다.

병(丙)화가 힘이 약해져서 무(戊), 기(己), 경(庚), 신(辛), 임(壬), 계(癸)가 천간(天干)에 나오면 더욱 힘든 구조가 된다.

가을철 병(丙)화는 임(壬)수가 필요하지 않으며, 경(庚)금이나 신(辛)금이 나오는 것을 꺼린다.

병(丙)화는 가을철에 정(丁)화가 나오면 추워서 따뜻한 불을 사용할 수 있으므로 정(丁)화를 사용하나 병(丙)화가 정(丁)화를 사용하는 구조는 치사한 면이 있으며 자존심 상하는 일이 있게 되나 먹고 사는 것은 해결이 가능하며 길(吉)하다.

가을철에 정(丁)화가 병(丙)화보다 유용한 이유는 정(丁)화는 따뜻한 불에 해당하고 월지(月支)의 유(酉)금에 장생지이나, 병(丙)화는 실기하는 때의 태양이요, 하루로 보면 서산에 지는 해에 해당한다.

무(戊)토나 기(己)토가 나왔을 때, 갑(甲)목이나 을(乙)목이 있으면 부(富)는 하나 불로소득이다. 가을철 갑(甲)목, 을(乙)목은 열매로 노력 없이 수확하는 계절이다. 그러나 을(乙)목은 부(富)가 약하니 노후에 처량하고 풍류격에 해당해서 부(富)의 지속이 오래가지 않는다.

목(木)이 없으면 가을철에 태양이 거둘 것이 없는 구조가 되어 빈천하고 힘들다.

가을철에는 목(木)과 화기(火氣)로 배양이 필요한 시기에 해당되어 갑(甲)목을 용신(用神)으로 하고 임(壬)수를 보조로 사용함이 적절한데 목(木)과 수(水)가 있으면 풍요로운 구조가 되어 삶이 편안하다. 따라서 임(壬)수, 갑(甲)목, 병(丙)화는 가을철에 부(富)와 귀(貴)를 내려 주는 글자이다.

신유(申酉)월에는 지지(地支) 금(金)기가 있으니 지지(地支)에서 목(木) 뿌리가 상하면 흉(凶)하게 되니 지지(地支)에서 목(木)이 없는 것이 안전한데 뿌리가 없으면 재물을 쌓아 둘 수는 없는 구조로 밖에 수입으로 알차게 계획하면 먹고사는 것은 문제가 없다.

천간(天干)에 경(庚)금 신(辛)금이 나와서 목(木)이 상하게 되면 평생 고난이 많고 병고에 시달리게 된다.

신(辛)금과 병(丙)화가 합(合)하면 근심 걱정이 많고 무(戊) 기(己)토가 나와 토생금(土生金)의 구조를 이루면 쓸데없는 일을 하게 되어 힘든 삶을 살게 되니 알찬 계획으로 살아야 한다.

신(申)월 병(丙)화는 경(庚)금이 록지에 해당하며 임(壬)수의 장생지라 갑(甲)목을 먼저 사용하고 임(壬)수를 사용하면 부귀(富貴)영달이 가능한 구조이다.

신(申)월에는 지지(地支)에 인묘진(寅卯辰)이 없어 사목(死木)이 길(吉)
한 것은 생목(生木)의 경우에는 뿌리가 상해 질병이 있고 도적을 맞게 되어
흉(凶)하게 된다.

신(申) 자(子) 진(辰)이 있어 수국(水局)을 이룰 때는 갑(甲)목만 있어도
부귀(富貴)하나 수(水)가 너무 왕(旺)한 운(運)으로 갈 때는 무(戊)토로 제방
을 이루어야 길(吉)하게 된다.

술(戌)월 병(丙)화는 토왕절(土旺節)에 병(丙)화의 묘(墓)에 해당하는 계
절로 갑(甲) 을(乙)목을 용신(用神)으로 하고 임(壬)수를 차용(次用)하는 것
이 길(吉)하다.

지지(地支)가 조열할 때에는 임(壬)수를 먼저 사용할 수 있다.

인묘진(寅卯辰)이 있어 술(戌) 중 정(丁)화에 타는 구조면 병고에 시달리고
재물로 인해 파산 경험을 하게 되고 방랑객이 될 수 있다. 따라서 인묘진(寅卯
辰)이 없는 것이 낫다. 술(戌)월에 갑(甲)목, 을(乙)목, 임(壬)수가 적절하게 조
화를 이루지 않으면 홀아비 과부가 많고 병고에 시달리는 경우가 많다.

[사주명 예 31]

곤(坤)명

戊	丙	丙	丙
戌	戌	申	寅

신(申)월 병(丙)화로 여자 명이다. 지지(地支) 인(寅)목을 용신(用神)으로
한다.

월지(月支) 신(申)금이 인(寅)목을 치려 하나 술(戌) 중 정(丁)화가 제어

하니 괜찮다. 그러나 술(戌)토는 신금을 완전 제어하지는 못한다. 천간(天干)에서 무(戊)토도 사용하며 술(戌)토도 길(吉)하다. 남편이 부자다.

[사주명 예 32]

건(乾)명

甲	丙	癸	己
午	辰	酉	卯

유(酉)월 병(丙)화로 갑(甲)목이 용신(用神)이다. 기(己)토는 계(癸)수를 잡는 약신(藥神)이며 지지(地支) 오(午)화도 사용한다.

[사주명 예 33]

건(乾)명

庚	丙	丙	乙
寅	戌	戌	丑

술(戌)월 정(丁)화로 연간(年干) 을(乙)목을 사용한다. 술(戌)월에는 수(水)와 목(木)을 용신(用神)으로 한다.

축(丑)중 계(癸)수도 사용해서 지지(地支) 조열을 해소하려고 한다. 지지(地支)가 타서 수(水)를 갈구하는 구조이다.

4) 겨울철 병(丙)화

겨울철 병(丙)화는 힘이 없어 능력이 무력하고 할 일이 없는 것이다. 태양이 아무리 밝게 비춰도 밖에 나가 햇볕을 쬐려고 하지 않아 환영받지 못하고 따뜻한 온기(溫氣)를 필요로 한다. 따라서 정(丁)화를 더 귀(貴)하고 가치 있게 본다.

추운 겨울철이라 지지(地支)에서도 온기(溫氣)가 필요해 오술미(午戌未)가 있어 정(丁)화의 뿌리를 이루고 지지(地支)를 따뜻하게 보유한 구조이면 추운 겨울철이라도 할 일이 있고 능력을 인정받아 가치 있는 일을 발휘할 수 있는 것이다.

겨울철 병(丙)화가 임(壬)수와 갑(甲)목이 있고 지지(地支)에 인묘진(寅卯辰) 중 한 글자가 있어 생목(生木)을 이루면 초년에는 고생하지만 중년 후에 인묘진(寅卯辰) 사오미(巳午未) 계절이 오는 봄, 여름철에 발복하는 길(吉)한 구조가 된다.

추운 겨울철이라 바람이 불면 더욱 추워져서 힘이 드나 무(戊)토가 있어 바람을 막아 주면 큰 부자는 아니지만 의식(衣食)은 넉넉하게 살 수 있다.

천간(天干)에 신(辛)금과 계(癸)수가 있으면 의지처가 없고 방랑객 생활을 하며 빈천하고 요절할 수 있는 명(命)이다. 힘들고 어려운 환경에서 태어난 사람이다.

임(壬)수나 경(庚)금이 더 있어 물이 많은 구조를 이루면 외롭고 처량한 신세이며 동사할 수 있다. 이때도 지지(地支)에 오술미(午戌未) 중 한 글자라도 있으면 먹고는 사는데, 없다면 거지이며 사서 고생하는 행위를 잘한다.

나는 태양이므로 추운 겨울이라도 상관없이 밖에 나가야 한다고 생각한다.

해(亥)월 병(丙)화는 천간(天干)에 갑(甲)목, 시간(時干)에 임(壬)수, 지지(地支)에 진(辰)토가 있으면 부(富)와 귀(貴)를 동시에 누릴 수 있는 명(命)이다.

지지(地支)에 묘(卯)목과 미(未)토가 와서 해묘미(亥卯未) 목국(木局)을 이루고 천간(天干)에 갑(甲)목 을(乙)목이 무성하면 욕심은 많은데 능력이 없다. 이때는 경(庚)금과 정(丁)화가 나와서 갑(甲) 을(乙)목을 제어하면 욕심을 버리고 편안하게 생활이 가능하다.

자(子)월 병(丙)화는 물이 왕(旺)한 겨울철이라 무(戊)토를 우선 사용하고 그 다음이 갑(甲)목을 용신(用神)으로 한다. 무(戊)토로 제방이 우선이요, 그 다음에 나무를 심어야 하는 것이다.

자(子)월에 천간(天干)의 임(壬)수와 갑(甲)목이 있으면 어릴 때 고생하나 중년 이후에 발복하게 되는 길(吉)명이다.

지지(地支)에 신자진(申子辰) 수국(水局)을 이루어도 무(戊)토가 있으면 제방이 가능하며 갑(甲)목은 있는데 토가 없으면 재물을 쌓아 둘 곳이 없는 것으로 재물이 모이지 않는다. 반대로 토(土)가 많으면 욕심이 많고 답답하다.

[사주명 예 34]

건(乾)명

甲	丙	丁	庚
午	午	亥	子

해(亥)월 병(丙)화로 천간(天干)에 갑(甲)목, 정(丁)화, 경(庚)금이 길(吉)한 구조로 되어 있다.

월간(月干) 정(丁)화를 사용해 경(庚)금을 제어하고 갑(甲)목을 땔감으로 사용하는 길(吉)한 구조이다.

건(乾)명

丙	丙	甲	戊
子	子	子	申

자(子)월 병(丙)화로 지지(地支)에 물이 왕(旺)하다. 물을 막는 것이 우선이니 천간(天干) 무(戊)토를 용신(用神)으로 사용한다.

추운 겨울에 지지(地支)가 차면 고생하고 힘들다.

[사주명 예 36]

건(乾)명

癸	丙	癸	丁
巳	申	丑	亥

축(丑)월 병(丙)화로 시간(時干) 월간(月干) 계(癸)수가 흉신(凶神)이다. 연간(年干) 정(丁)화는 계(癸)수에 맞아 힘이 없고 축(丑)월이라 해(亥) 중 갑(甲)목이 용신(用神)이다.

남자 명이니 목자수처(木子水妻)로 신해(辛亥) 대운에 흉신(凶神) 계(癸)수를 더욱 생하고, 일간(日干)도 합(合)하니 힘들고 죽을 고비가 있었다.

무신(戊申) 대운이 오면 계(癸)수 제거하고 대발하는 명(命)이다.

목자수처(木子水妻)로 여자들이 많이 따르는데, 계(癸)수도 역시 여자라 양쪽 계(癸)수가 늘 붙어 다니며 병(丙)화인 나를 괴롭히는 구조이니 여자관계에 조심해야 한다.

5) 병(丙)화 일간(日干)과 용신(用神)론

병(丙)화 일간(日干)은 천간(天干)에 계(癸)수를 싫어한다. 비 오는 날 태양은 힘이 없고 나갈 수가 없어 자기 할 일을 하지 못한다. 따라서 계(癸)수를 제거하는 무(戊)토나 기(己)토가 용신(用神)이다.

계(癸)수가 나왔는데 무(戊)토로 계(癸)수를 제거한 명(命)은 위기를 넘길 수 있는 유능한 사람이다.

인(寅)월에는 토(土)가 나오면 토(土)를 선용(先用)하고 경(庚)금이 나오면 병(丙)화 용신(用神), 병(丙) 정(丁)화가 있어도 신(辛)금이 나오면 신(辛)금을 제거하는 정(丁)화를 용신(用神)으로 한다. 임(壬)수가 나오면 무(戊)토를 선용(先用)한다.

묘(卯)월 병(丙)화는 무(戊)토가 나오면 무(戊)토를 사용하고 지지(地支)에 신(申)금 등, 금(金)과 수(水)로 이루어진 구조이면 신(申) 중 임(壬)수 용신(用神)을 사용한다. 신(申) 중 임(壬)수 용신(用神)자는 진(辰), 사(巳), 오(午), 미(未) 신(申)운 모두 길(吉)하게 작용한다.

진(辰)월 병(丙)화 일간(日干)은 갑(甲)목, 을(乙)목이 용신(用神)이며 경(庚)금, 신(辛)금이 나오면 정(丁)화 용신(用神)이다.

사(巳)월 병(丙)화는 시간(時干), 월간(月干)에 계(癸)수가 있으면 기(己)토를 용신(用神)으로 하고 갑(甲)목 을(乙)목 진(辰) 중 을(乙)목, 신(申) 중 임(壬)수 용신(用神) 순으로 사용한다.

오(午) 술(戌)이 지지(地支)에 있으면 해(亥) 중 갑(甲)목이 선용(先用)이 된다. 진(辰)토가 있으면 목(木)부터 사용하며 천간(天干)에 임(壬)수가 나와도 오(午)화 사(巳)화 옆에 술(戌)이 있어도 목(木)부터 선용(先用)한다.

진(辰) 사(巳)월에는 나무를 심는 것이 가장 큰 의무이다.

인(寅), 묘(卯), 사(巳), 오(午)로 이루어져 인(寅)이 타는 구조면 묘(卯)목이 용신(用神)이나 그 이외에는 임(壬)수가 선용(先用)이다. 오(午) 미(未)를 누르면 임(壬)수 선용(先用)한다.

오(午)월에는 임(壬)수가 용신(用神)이며, 오(午)월에 미(未)토나 술(戌)토는 흉신(凶神)이다. 오(午)화를 설기하는 구조의 미(未)토 운은 길(吉)하게 작용한다.

미(未)월에는 갑(甲)목, 을(乙)목, 인(寅)목이 용신(用神)이며 더운 구조이면 수(水)를 용신(用神)으로 한다.

신(申)월에는 갑(甲)목이 용신(用神)이다. 갑(甲)목과 정(丁)화가 동시에 나오면 갑(甲)이 선용(先用)이다.

갑(甲)목 정(丁)화 용신(用神)에서 정(丁)화가 꺼지게 되면 축(丑)대운에는 갑(甲)목이 얼어 사용 못한다. 힘이 든다.

술(戌)월에는 갑(甲)목, 을(乙)목이 용신(用神)이며 더운 구조이면 지지(地支)에서 물을 사용하기도 한다.

자(子)월에는 무(戊)토를 선용(先用)해서 물을 제방하는 것이 급선무이다.

[병(丙)화 일간(日干) 종합예제 1]

건(乾)명

壬	丙	甲	己
辰	戌	戌	酉

50	40	30	20	10
己	庚	辛	壬	癸
巳	午	未	申	酉

남자 명(命)으로 술(戌)월 병(丙)화이다. 지지(地支)가 술(戌) 술(戌)로 더 워 텁텁한 땅을 이루니 천간(天干)에 임(壬)수를 용신(用神)으로 한다.

병(丙)화가 임(壬)수와 갑(甲)목을 가졌으니 상위 격이나 지지(地支) 진 (辰) 술(戌) 충(沖)이 아쉽다.

10대운 계유(癸酉) 대운은 임(壬)수를 사용하는데 계(癸)수가 오니 별로 이나 그런대로 지낸다.

20대운 임신(壬申) 대운은 용신(用神)이 왕(旺)해 최상위 수준으로 공부 를 계속한다. 지지(地支) 신(申)금은 신(申), 진(辰), 합(合)으로 수원을 이루 어 뿌리가 되니 더욱 길(吉)하다.

신미(辛未)대운은 용신(用神) 임(壬)수가 신(辛)금 보석을 갈고닦으니 빛 이 난다. 명예가 있고 길(吉)하게 된다. 다만 지지(地支)의 진(辰) 술(戌) 충 (沖)으로 부부관계 불화가 있을 것이다.

40 경오(庚午) 대운의 경(庚)금은 임(壬)수를 생해서 길(吉)하고 직장에 서 할 일이 있거나 승진하게 된다.

50 기사(己巳)운은 기(己)토가 시간(時干)의 임(壬)수와 탁수(濁水)되어 흉(凶)하게 되니 직장이나 밖에서 하는 일이 힘들어진다.

건(乾)명

甲	丙	丙	戊
午	寅	辰	子

대운

58	48	38	28	18	8
壬	辛	庚	己	戊	丁
戌	酉	申	未	午	巳

진(辰)월 병(丙)화로 봄 태양이 시간(時干)에 갑(甲)목을 보니 할 일이 많다. 시간(時干) 갑(甲)목 용신(用神)으로 남자 명이니 목자수처(木子水妻)에 해당한다.

시간(時干) 용신(用神)자 자신이 원하는 일을 하게 되고 직장에서나 밖에서 환대를 받으며 일하게 된다.

정사(丁巳) 대운은 정(丁)화가 나에게 득 될 것은 없으나 대체로 길(吉)하다.

무오(戊午) 대운은 갑(甲)목에 무(戊)토 산이 오니 알맞은 환경을 맞이한 것이요.

기미(己未) 운은 기(己)토가 내 갑(甲)목을 합(合)해 길(吉)하지 못하고 미(未)토는 갑(甲)목 고장이라 결혼해도 자식에게 흉(凶)이 발생하거나 아니면 본인이 사망할 수 있는데 공협의 묘(卯)목으로 죽지는 않겠다.

경신(庚申) 신유(辛酉) 대운은 기르는 일간(日干)이 갑(甲)목을 용신(用神)으로 하는 사람에게는 가을걷이 하는 운으로 길(吉)하게 된다. 사업 하면 돈이 들어오는 최상의 운을 맞이한다.

병(丙)화에 갑(甲)목은 부(富)요, 임(壬)수는 귀(貴)에 해당하는데 부(富)

가 먼저 와서 임(壬)수 귀(貴)는 58대운에 오게 되어 말년에 귀(貴)에 해당하니 교육 관련 일을 하게 된다.

술(戌) 대운은 병(丙)화 고장이나 지지(地支)의 오(午)가 있어 인(寅), 오(午), 술(戌), 합(合) 되어 고장이 일어나지 않고 넘어간다. 다만 건강상의 흉(凶)은 발생할 수 있으니 조심해야 한다.

1.4 정화(丁火)

태양이 서산 너머 가는 때에 해당하니 이미 천지가 어두워져 별이 되는 형상이다. 성숙 변혁의 신(神)으로 자기 변화 변혁의 인자이다. 헌신과 희생적 촛불을 상징한다.

1) 봄철 정(丁)화

봄철 정(丁)화는 만물이 자라나는 시기에 사물을 태우는 불로 태어났으니 환대를 받지 못하고 부모 기대에 부응하지 못하는 경우가 있다.

봄철에 불은 건조한 나무가 없으면 잘 타오르지 못하니 건강도 좋지 못하고 어렸을 때부터 슬픔과 고독을 느끼며 죽을 고비도 경험한다.

정(丁)화의 임무는 갑(甲)목을 가지고 경(庚)금을 제련해서 그릇을 만드는 데 있다. 따라서 갑(甲)목과 경(庚)금이 나오면 쓸모 있는 명(命)으로 부모에게 효도하고 환대받고 자신 원하는 모든 것을 이루며 부귀(富貴) 공명(功名)이 가능하다.

봄철 정(丁)화는 경(庚)금이 귀(貴)에 해당하고 일거리이며, 갑(甲)목은 일을 수행할 수 있는 능력에 해당되며 경(庚)금 있고 갑(甲)목이 없으면 일거리는 있으나 능력이 없는 것으로 노력은 하나 일 수행이 어려워 얻는 것이 없다.

반대로 갑(甲)목은 있는데 경(庚)금이 없으면 능력은 있으나 할 일이 없어 일거리가 주어지지 않아 한가로이 지내는 경우다. 일류 대학을 졸업했으나 취직하지 못하고 놀고 있는 실업자에 해당된다.

봄철 정(丁)화가 정임(丁壬) 합(合)이 되면 '나는 불이 아니오.'라는 의미로 불이 필요 없는 계절에 '불이 아니오.'라고 하므로 사람은 착한 사람이다. 그러나 임(壬)수를 용신(用神)으로 사용하지 못하고 무(戊)토를 사용한다. 무(戊)토는 커튼에 해당되어 바람과 빛을 막아 정(丁)화를 빛나게 한다.

춘절에는 갑(甲)목이 있으면 아직 어린 나무로 습목(濕木)에 해당하니 불을 지피는 것은 알맞지 않다. 불을 태우는데 연기가 나고 잘 타지 않으니 눈물이 나고 서러운 일을 경험하게 된다.

묘(卯)월 정(丁)화는 묘(卯)가 습목(濕木)이라 정(丁)화는 신약에 해당하니 신체가 쇠약하고 어릴 때부터 잘 운다.

진(辰)월 정(丁)화는 갑(甲)목과 경(庚)금이 있으면 부귀(富貴)를 겸전하게 되는 길(吉)명이다. 그러나 갑(甲)목만 있고 경(庚)금이 없으면 사람 형체는 갖추었으나 일거리가 없는 것으로 실업자, 한가한 자이다.

[사주명 예 37]

건(乾)명

甲	丁	壬	丁
辰	丑	寅	亥

인(寅)월 정(丁)화로 정임(丁壬) 합(合), '나는 불이 아니오.'라는 격이니 사람이 착한 사람이다. 지지(地支) 진(辰)토를 용신(用神)으로 한다.

[사주명 예 38]

癸	丁	癸	丁
卯	未	卯	辰

묘(卯)월 정(丁)화로 시간(時干) 월간(月干)의 계(癸)수가 나를 치니 힘들다. 계(癸)수를 제어하는 무(戊)토 운이 오기를 기대한다.

진(辰)토를 용신(用神)으로 하고 공협의 사(巳) 중 무(戊)토도 사용한다.

[사주명 예 39]

庚	丁	壬	辛
戌	未	辰	巳

남자 명(命), 진(辰)월 정(丁)화로 목왕절(木旺節)에 해당하며 정(丁)화는 불의 심지가 필요하다. 진(辰) 중 을(乙)목을 용신(用神)으로 한다.

꽃 피는 계절에 정(丁)화로 태어나 경(庚)금을 보았으나 정임(丁壬) 합(合)으로 경(庚)금을 제어하지 못해 속이 상하고 가끔 성질이 난폭하다. 할 일을 하지 못할 때 성질이 난폭하고 속이 상한다.

2) 여름철 정(丁)화

여름철 정(丁)화는 하루로 보면 낮에 촛불을 들고 나간 것이나 마찬가지다. 여름철 불이니 어느 누가 환대를 하겠는가? 아무도 반기지 않는다. 병(丙)화라면 할 일이 많아 환대하지만 정(丁)화는 태우는 불, 난로불이라 환대하는 사람이 없다.

부모 덕이 없고 자수성가해야 하는 명(命)이다. 덥다고 지지(地支)에 인오술(寅午戌)이 되어도 천간(天干)에서 임(壬)수나 계(癸)수를 사용하지 못하는데 정(丁)화는 비를 만나면 꺼지게 되고 임(壬)수를 만나면 정임(丁壬)합(合)으로 흉(凶)하게 된다.

더워서 지지(地支)에 물이 있어야 하고 수기(水氣)가 없을 때는 어쩔 수 없이 토(土)를 사용하면 의식(衣食)은 있으나 자신의 영화는 없게 된다.

천간(天干)에 경(庚)금이 나오면 자기 할 일을 하는 것으로 훌륭하고 능력이 있는 사람으로 귀한 명(命)이 된다. 지지(地支)에 경(庚)금의 뿌리인 신(申), 유(酉), 축(丑) 중 한 글자라도 있어야 하는데 뿌리가 있어야 길(吉)한 명(命)이 된다.

여름철 정(丁)화는 환대를 받지 못하는 구조로 성정에 있어서 치사한 면이 있고 여자를 울리는 경우가 있다.

성장의 계절에 정(丁)화로 지지(地支)에 수기(水氣)가 필요한데 진(辰)토가 제일 길(吉)하고 천간(天干)에 갑(甲)목과 경(庚)금이 있으면 부귀(富貴)를 이루는 구조가 된다. 원국이 조열할 수 있으니 단명(短命)하는 경우가 많고 지지(地支)에서 조열을 해결하는 글자 진(辰)토가 중요하게 사용된다.

정(丁)화는 불이어서 신(辛)금 보석을 용신(用神)으로 사용하지 않으며 신(辛)금이 많을 때는 보석을 불로 지지는 격이라 쓸데없는 짓을 많이 한다.

지지(地支)에 화국(火局)을 이룰 때 경(庚)금 있고 지지(地支) 신(申)금이 있어야 화기(火氣) 억제하고 할 일이 있는 것이다.

사(巳)월 정(丁)화는 경(庚)금이 중요하며 갑(甲)목이 있으면 정(丁)화는 의타심이 강하고 지지(地支)에 신(申)금이 있으면 일거리에 해당해서 일이 많다.

사(巳)월 정(丁)화는 약한 불이라 땔감이 있어야 하는데 갑(甲)목은 통나무로 불이 활활 타기 어려운 땔감이라 그 역할을 제대로 하지 못하는데 정(丁)화 입장에서는 땔감이 되어 달라고 하니 남에게 의존하며 의타심이 많다.

오(午)월 정(丁)화는 신왕이라도 경(庚)금을 용신(用神)으로 하며 갑(甲)목을 차용(次用)하게 된다. 인오술(寅午戌) 화국(火局)이면 갑(甲)목이 타서 조열하게 되니 단명(短命)하는 경우가 많다. 지지(地支)에 진(辰)토나 자(子)수가 있으면 단명(短命)은 면하게 된다.

갑(甲)목이 있으면 토(土)를 용신(用神)으로 가능하나 몸이 자주 아프고 신병으로 고생한다.

정(丁)화는 땔감이 있어야 심지가 잘 탄다. 갑(甲)목이 없으면 심지가 없어 불이 오래갈 수 없는 것이다.

미(未)월 정(丁)화는 갑(甲), 을(乙)목을 용신(用神)으로 하고 경(庚)금을 차용(次用)한다. 지지(地支)에 축미(丑未) 충(沖)을 이루는 구조이면 정(丁)화 불이 위태로워 신병이 있으나 토가 있어 버틸 수 있다.

곤(坤)명

甲	丁	癸	丙
辰	未	巳	戌

사(巳)월 정(丁)화로 월간(月干) 계(癸)수가 병(丙)화를 쳐주어 내가 조금 빛나려 하나 나 또한 치니 우둔한 행동을 한다.

갑(甲)목을 보니 직접 땔감으로 사용하기에는 불이 잘 타지 않아 심장이 약하고 오(午)화가 오면 여름생으로 흉신(凶神)이 왕(旺)해 흉(凶)하게 된다.

진(辰) 중 을(乙)목 용신(用神)으로 금(金)운이 오면 금극목(金克木)되어 좋지 않다.

[사주명 예 41]

곤(坤)명

乙	丁	丙	丁
巳	卯	午	酉

오(午)월 정(丁)화로 여자 명(命)이다. 월간(月干) 병(丙)화는 흉신(凶神)이다.

무오(戊午) 대운에 오(午)화로 부모 환경이 좋아 부모 덕이 있었다.

경술(庚戌) 대운에 일지 묘(卯)가 술(戌)에 고장으로 배우자와 이별 가능한 운인데 신미(辛未)년 묘미(卯未) 합(合)되어 목생화(木生火)로 일지(日支)가 타고 정유(丁酉)월에 일지(日支)가 충(沖) 되는 달에 남편이 사망했다.

월지(月支) 오(午)화는 술(戌)에 고장으로 입묘(入墓)하니 유(酉)가 묘

(卯)를 친다.

술(戌) 대운에 공협에 진(辰)토가 용신(用神)으로 사용하는데 일지(日支)와 용신(用神)이 동시에 고장이라 배우자와 이별하고 사망하는 운이다.

[사주명 예 42]

庚	丁	丁	丁
戌	未	未	酉

미(未)월 정(丁)화로 심지가 우선 필요하다. 미(未) 중 을(乙)목 용신(用神)으로 하고 시간(時干) 경(庚)금을 차용(次用)한다.

추운 겨울로 갈 때 길(吉)하고 지지(地支) 미(未)토가 중요하게 사용된다.

3) 가을철 정(丁)화

가을철 정(丁)화는 약하다고 하나 하루로 보면 저녁에 해당되어 어두워지는 시간의 불이니 환대를 받고 제철을 만나 활동력이 왕성하며 능력을 인정받는 명(命)이다. 날씨가 추워지는 계절에 불이니 누구에게나 환영받고 환대받으며 생활한다.

천간(天干)에 갑(甲)목과 경(庚)금이 있으면 갑(甲)목으로 땔감이 되고 경(庚)금 일거리가 있는 구조이니 크게 부귀(富貴)하게 되는 명(命)이다.

지지(地支)에는 반드시 정(丁)화 뿌리가 되는 오술미(午戌未) 중 한 글자가 있어야 오래 가고 길(吉)하게 된다.

정(丁)화는 갑(甲)목을 용신(用神)으로 할 때 생목(生木)과 사목(死木)을 구분할 필요가 없는데, 그 이유는 정(丁)화는 나무를 키워야 하는 글자가 아니기 때문이다.

사주 일간(日干)을 구분할 때 기르는 일간(日干)과 기르지 않는 일간(日干)으로 구분하는데 정(丁)화는 기르지 않는 일간(日干)에 해당된다.

갑(甲)목이 없으면 을(乙)목을 차용(次用)으로 사용 가능하나 경(庚)금과는 떨어져야 한다. 을(乙)목은 일거리에 해당하는 경(庚)금을 합(合)해 일을 하지 않거나 무능한 결과를 가져오기 때문이다.

정(丁)화의 비견인 병(丙)화가 나와도 정(丁)화인 내가 빛나야 하지 않을까 걱정하지 않아도 된다. 병(丙)화는 가을철 서산에 지는 태양에 해당하고 정(丁)화는 밤에 떠오르는 별에 해당되어 지는 태양보다는 떠오르는 별인 내가 더 빛난다.

병(丙)화가 신(辛)금이 있어 병신(丙辛) 합(合)을 이루면 위대한 태양을 없애는 것으로 재주는 있으나 큰 인물은 되지 못하며 참모, 비서 같은 일을 하게 된다.

정(丁)화가 기가 약해 갑(甲), 을(乙)목을 용신(用神)으로 할 때 임(壬)수 계(癸)수가 있으면 수생목(水生木)으로 길(吉)하게 생각 할지 모르나 오히려 흉(凶)하게 됨을 알아야 한다.

정(丁)화는 물기가 필요하지 않는 갈초나 마른 나무만을 땔감으로 사용할 수 있다.

가을철 정(丁)화는 착하고 활기차다. 갑(甲), 을(乙) 용신(用神)으로 할 때 아내는 부잣집 아내에 해당되는데 이유는 목자수처(木子水妻)에 해당되어 수처(水妻), 즉 물을 가지고 나무를 기르는 여인으로 부잣집 사람이다.

아들은 목자(木子)에 해당되어 가을 나무, 열매가 있는 나무에 해당하니 큰 부자가 되고 딸은 과부가 많다. 이유는 가을철 나무는 재목감이라 아들은 큰 부자가 될 수 있으나 딸은 가을 꽃나무에 해당하니 한때는 화려하게 살지 모르나 과부가 되는 경우가 많다.

가을철 정(丁)화는 경(庚)금이 일거리에 해당되고 갑(甲)목 용신(用神)으로 능력자, 귀공자, 기대하는 자식, 중책을 맡는 사람, 인기가 충만한 사람, 귀(貴)한 존재에 해당된다.

[사주명 예 43]

건(乾)명

丙	丁	丙	辛
午	丑	申	亥

신(申)월 정(丁)화로 가을철의 불이다. 시간(時干)이나 월간(月干) 병(丙)화가 있어도 기죽을 필요 없다. 왜냐하면 가을철에도 정(丁)화인 내가 더 필요한 계절이어서 환대받는다.

시지(時支) 오(午)화 용신(用神)이다. 지지(地支)의 땔감이 필요한 구조이다.

[사주명 예 44]

건(乾)명

庚	丁	乙	乙
戌	酉	酉	酉

유(酉)월 정(丁)화로 월간(月干) 을(乙)목을 용신(用神)으로 하고 지지(地支)의 술(戌) 중 정(丁)화를 차용(次用)한다.

남자 명(命)으로 목자수처(木子水妻)에 해당되어 지지(地支)에서 처(妻)의 글자가 유(酉)금으로 많다. 바람피우는 구조이다.

[사주명 예 45]

건(乾)명

乙	丁	甲	甲
巳	巳	戌	辰

술(戌)월 정(丁)화로 시간(時干) 을(乙)목을 용신(用神)으로 한다.

천간(天干)에서 갑(甲)목이 정(丁)화를 생해 주어 용신(用神)이 될 수 있다고 생각할지 모르나 갑(甲)목은 통나무에 해당되어 정(丁)화 불을 생해 주기보다 불 땔 때 눈물 나게 해서 선용(先用)하지 않는다.

4) 겨울철 정(丁)화

겨울철 정(丁)화는 하루로 보면 저녁, 밤에 해당되어 불이 필요한 계절에 정(丁)화로 태어난 것이라 그 쓰임이 매우 귀(貴)하고 모든 사람으로부터 사랑과 환대를 받는 존재이다.

불이 왕(旺)해야 하니 천간(天干)에서 갑(甲)목과 경(庚)금이 있으면 무(戊)토로 바람을 막아 준 후 갑(甲)목을 땔감으로 해서 경(庚)금을 제련하는 것이 필요하다. 지지(地支)에 오술미(午戌未) 중 한 글자가 있으면 그 영화

스러움이 오래가고 길(吉)하게 된다.

갑(甲)목과 경(庚)금만 있고 무(戊)토가 없으면 정(丁)화는 언제 꺼질지 모르는 불안감에 사는 존재가 된다.

겨울철에는 바람을 우선 막아 줘야 어느 일주이든지 편안하게 살 수 있다. 무(戊)토는 사용하지만 기(己)토는 사용하지 않는다.

갑(甲) 을(乙)목이 없이 무(戊), 기(己), 경(庚), 신(辛), 임(壬) 계(癸)가 나오면 흉(凶)한 것으로 건강이 약하고 질병에 시달리거나 재산이 모이지 않고 부부간의 정도 없어 불화가 있게 된다.

병(丙)화가 천간(天干)에 나와도 무방한데 그 이유는 겨울철에는 병(丙)화는 힘이 없는 것으로 정(丁)화가 더 필요하다. 병(丙)화가 나와서 신(辛)금을 합(合)하면 힘이 없는 병(丙)화를 합(合)한 것이라 길(吉)하지는 못하고 흉(凶)하게 된다. 쓸데없는 짓을 하는 경우에는 오히려 흉(凶)하게 됨을 알아야 한다.

겨울철 정(丁)화는 물이 왕(旺)한 계절에 불이 필요한 계절이므로 그 필요성이 뚜렷한 존재로 태어났으니 소중한 존재이다.

정(丁)화는 심지가 타는 목(木)이 일차 용신(用神)이다. 지지(地支)에서 진(辰)토, 미(未)토가 있어야 길(吉)하다. 경(庚)금이 투간해야 일거리가 있어 부귀(富貴)를 겸하게 된다.

갑(甲)목, 을(乙)목이 많아 지지(地支)에 목국(木局)을 이루는 구조면 목(木) 기운이 왕(旺)하므로 우선 토(土)를 사용하고 그 다음에 금(金)을 사용한다.

지지(地支)에 물이 왕(旺)하면 무(戊)토를 사용해서 제어 가능하다. 겨울철에는 무(戊), 갑(甲), 경(庚)이 있어야 부귀(富貴)를 겸하는 명(命)이라 할 수 있다. 토(土)만 있어도 의식(衣食)은 있는데 지지(地支)에 오술미(午戌未)이면 처(妻)에게 의지하고 자식에게 기대는 삶을 살게 된다.

지지(地支)에 오술미(午戌未)가 자식, 아내 자리인데 따뜻한 온기(溫氣)를 제공하는 글자이다.

정(丁)화 일주는 천간(天干)에 갑(甲)목이 많으면 몸이 아프다. 갑(甲)목은 물이 필요한 글자여서 임(壬)수가 있어야 하는데 정(丁)화 입장에서는 힘이 든다.

해(亥)월 정(丁)화는 아직 차지는 않으니 갑(甲)목을 선용(先用)하고 경(庚)금을 차용(次用)한다. 지지(地支)에 토(土)가 많으면 부귀(富貴)지명이다.

목국(木局)이면 토(土)를 사용하는 것이 우선 긴요하다.

토(土) 용신(用神)자는 토자화처(土子火妻)에 해당되어 처(妻)가 화(火)에 해당하니 나와 같은 글자로 비견을 이루니 맞벌이 부부가 많다.

갑(甲)목을 용신(用神)으로 하는 자는 목자수처(木子水妻)에 해당해서 아내가 물의 글자이니 나와는 수극화(水克火)로 맞지 않아 의견 충돌이 많고 병고에 시달리어 항상 아내에게 불만을 가지고 산다.

금(金) 용신(用神) 자는 금자토처(金子土妻)에 해당되어 토(土)가 수(水)를 극해서 수생목(水生木)으로 목(木)을 수용하니 아내의 역할이 매우 지중하다.

자(子)월 정(丁)화는 물이 왕(旺)한 계절이어서 물을 막는 것이 급하다. 따라서 무(戊)토로 제방을 쌓기 위해 무(戊)토를 사용한다. 그 다음 갑(甲)목이나 경(庚)금을 차용(次用)으로 사용한다.

축(丑)월에는 나무를 사용해서 불의 심지를 지펴야 한다. 따라서 갑(甲)목을 선용(先用)하고 을(乙)목도 사용한다. 경(庚)금은 차용(次用)으로 사용하는데 경(庚)금이 없으면 일거리가 없는 것으로 가난한 삶을 살게 된다.

[사주명 예 46]

甲	丁	辛	壬
辰	卯	亥	子

해(亥)월 정(丁)화로 시간(時干)에 갑(甲)목이 있으나 지지(地支) 진(辰)토를 선용(先用)한다.

시간(時干) 갑(甲)목은 차용(次用)으로 사용하며 연간(年干) 임(壬)수가 흉신(凶神)이다.

[사주명 예 47]

건(乾)명

乙	丁	戊	乙
酉	卯	子	亥

자(子)월 정(丁)화로 무(戊)토를 선용(先用)해서 바람과 물을 제어한다. 을(乙)목이 무(戊)토를 치니 용신(用神)은 자식에 해당되며 자식으로 인한 고통이 있다.

일지의 묘(卯)에서 올라온 을(乙)목으로 아내에게 꼼짝 못한다. 묘(卯)목은 아내의 자리요, 아내 자리에서 올라온 을(乙)목이 용신(用神)을 친다. 따라서 아내의 바가지가 심하다.

건(乾)명

庚	丁	己	乙
戌	卯	丑	巳

축(丑)월 정(丁)화로 을(乙)목을 사용한다. 을(乙)목 용신(用神) 오는 해에 좋을 듯하나 시간(時干) 경(庚)금과 합(合)해 직장에서는 좋지 못하다. 흉(凶)하게 된다.

5) 정(丁)화 일간(日干)과 용신(用神)론

정(丁)화 일간(日干)은 심지가 있어 불을 지펴 주어야 강하게 살 수 있다. 천간(天干)이나 지지(地支)에 목(木)이 있어야 먹고사는 데 지장 없다.

천간(天干)에 목(木)이 있어 용신(用神)으로 사용하고 경(庚)금이 있으면 길(吉)한 명조이다. 흉신(凶神)에 해당하는 신(辛)금이 나와도 내가 제어할 수 있으니 그리 나쁘지 않으나 천간(天干)에서 을(乙)목을 용신(用神)으로 할 때 정(丁)화가 신(辛)금을 누를 수가 없는 구조가 되니 자세히 간명해야 한다. 내 어머니인 을(乙)목을 신(辛)금이 잡아 놔서 내가 제어할 수 없는 구조인지 살펴야 하는 것이다.

정(丁)화 일간(日干)은 기본적으로 나무를 가지고 경(庚)금을 단련하는 역할을 해야 하므로 나무나 경(庚)금을 용신(用神)으로 하는 경우가 많은데 을(乙)목을 사용할 때는 경(庚)금과 떨어져 있어야 한다.

을(乙)목이 경(庚)금과 합(合)하게 되면 모든 일이 성사가 안 되고 허사가 된다.

천간(天干)에서 신(辛)금만 보게 되면 보석을 녹이는 미련한 짓을 해서 남도 망치고 나도 망치는 삶을 산다. 엉뚱한 짓을 잘 하고 이로울 것이 없는 일을 한다.

천간(天干)에서 나무가 있어야 하지만 갑(甲)목보다는 을(乙)목이 더 값지게 되며 없으면 경(庚)금이 더 나은 역할을 한다.

갑(甲)목은 통나무로 직접 불을 지피는 것을 정(丁)화로서는 힘이 든다.

병(丙)화가 나오면 정(丁)화는 빛이 나지 않아 힘들다. 이때 신(辛)금이 있어 병(丙)화를 합(合)하면 재주꾼으로 남을 잘 이용해서 지혜롭게 살아간다.

[정(丁)화 일간(日干) 종합예제 1]

곤(坤)명

庚	丁	癸	壬
子	巳	卯	辰

여자 명(命)으로 묘(卯)월 정(丁)화이다. 묘(卯)월 정(丁)화는 원래 부모 덕이 없는데 인(寅) 대운이 좋아서 어린 시절에 본인은 부모 덕이 있다고 생각한다.

천간(天干)의 경(庚)금은 용신(用神)으로 사용해야 하는데 계(癸)수에 죽은 정(丁)화라 경(庚)금을 녹이지 못해 사용 못한다.

경(庚)금이 정(正) 용신(用神)에 해당되어 좋은 것인데 용신(用神)으로 잡지 못하니 나쁜 것에 해당한다.

정(正) 용신(用神)을 두고도 사용하지 못하면 성질이 더럽다. 사(巳) 중 무

(戊)토를 용신(用神)으로 일지 용신(用神)이라 남편 덕(德)이 있는 구조이다.

진(辰)토를 먼저 용신(用神)으로 사용하지 않는 것은 정(丁)화는 불이요, 진(辰)토는 물기가 있는 토이고 묘(卯)목에 맞는 구조라 먼저 사용하지 않는다.

기해(己亥) 대운부터는 기(己)토가 남의 남자인데 남자가 오니 자주 다른 남자가 눈에 들어온다.

해(亥)운에 묘미(卯未) 합(合)해서 진(辰)토를 치니 남자를 치는 운이라 부부간 트러블이 있는 운이다. 일지 용신(用神)자는 법적이혼이 힘들게 되어 집을 나와서 여러 남자를 거치는 운이다.

[정(丁)화 일간(日干) 종합예제 2]

곤(坤)명

癸	丁	丁	癸
卯	卯	巳	丑

여자 명(命) 사(巳)월 정(丁)화로 불이 약하니 심지가 우선 필요하다. 묘(卯)목 용신(用神)으로 목부금자(木夫金子)에 해당된다. 묘(卯)목이 둘이 있으니 남편이 둘인 격이다.

월간(月干) 정(丁)화는 길(吉)한 것인데 계(癸)수에 극 맞아 좋은 것을 극 맞은 격으로 아버지 도움을 못 받고 흉(凶)하다. 진(辰) 중 계(癸)수도 차용(次用)으로 사용하니 미(未) 대운이 오면 묘미(卯未) 합(合)되어 쌍으로 합(合)한 것으로 남자가 둘씩 들어오는 형상이다. 여러 사람과 사귀게 되고 물을 용신(用神)으로 사용하니 다방 업에 종사하며 몸을 파는 일생을 산다.

진(辰)토가 묘(卯)목으로 상하게 되니 돈을 벌어도 모을 수 없어 열심히 일을 해도 공이 없다. 시간(時干)에 계(癸)수가 나와 있는 것으로 성기를 드러내놓고 사는 형상이라 천한 짓을 하면서 산다.

1.5 무토(戊土)

서산 노을로 보고 지상에서는 산으로 비유한다. 만물을 수용하는 성정이 있으며 배양의 덕(德)을 갖춘다. 재(財) 중에 토가 제일인데 무(戊)토가 제일이다.

1) 봄철 무(戊)토

봄철 무(戊)토는 봄 동산에 해당되므로 만물이 소생하는 계절에 나무를 심어야 하는 것이다. 갑(甲)목이 있고 병(丙)화가 있어 양육하는 환경을 이루면 산으로서 구조를 완성해서 그 역할을 다할 수 있는 명(命)이다. 이런 환경을 이루면 어릴 때부터 먹을 것을 갖고 태어난 것으로 희망과 포부가 있고 일을 이룰 수 있는 가능성이 있는 것이다.

갑(甲)목이 있어 나무가 자라나려면 지지(地支)에 기름진 옥토가 있어야 그 근본이 되는바 진(辰)토가 가장 좋고 없으면 자미(子未)토를 이루면 역시 자랄 수 있는 구조이다.

술(戌)토나 축(丑)토도 토라고 주장하는 사람이 있으나 술(戌)토나 축(丑)토는 나무가 자랄 수 없는 흙이다. 연탄재나 얼음덩어리에서 나무가 자랄 수 없다.

산에 나무가 있는데 사(巳), 유(酉), 축(丑), 신(申), 금(金)이 있으면 나무가 상하게 되니 봄 동산에 돌이 많아 나무가 자랄 수 없는 것을 생각해 보면 이해가 쉽다. 이때는 오술미(午戌未)가 있어 금신(金神)을 제어하는 구조면 길(吉)하게 작용한다. 흉신(凶神)과 길(吉)신이 대응으로 오는 연고이다.

봄 동산에 정(丁)화가 있으면 불이 난 것으로 울화통이 있으며 성질을 잘 부리고 화를 잘 내며 돈 걱정이 많다. 특히 무오(戊午) 일주인 경우에는 지지(地支)에 오(午)화가 있어 남녀 모두 배우자 궁이 불미하고 몸이 아픈 경우가 많다.

여름 산에 불을 안고 있으니 좋을 리가 없는 것이다.

산이지만 토(土)가 너무 많고 나무가 없으면 넓은 땅에 심을 것이 없는 것으로 이것저것 욕심이 많아 많이 배우기는 하나 결실이 없다. 반대로 목(木)이 많고 토(土)가 적으면 역시 좁은 땅에 많이 심으려 하는 것으로 욕심이 많다.

토(土)가 많고 산에 나무가 하나만 있으면 넓은 땅에 나무를 하나만 심은 것으로 게으른 사람으로 욕심만 내다가 결실 없이 일을 망치게 된다.

산에 나무가 없이 태양만 있으면 겉은 그럴듯하나 결심이 없다. 봄 동산에 갑(甲)목이 나와야 결실이 있고 갑(甲)목이 없으면 을(乙)목이라도 있어야 한다. 꽃동산에 해당하는 을(乙)목은 한때 화려하게 꽃이 피어서 좋으나 그 화려함은 오래가지를 못하니 젊어서는 먹고살 만하다가 중년 이후에 거둘 것이 없어 빈곤하게 되는 경우가 많다.

봄 동산에는 갑(甲)목과 병(丙)화가 있으면 유실수를 심은 것으로 인품이 수려하고 배양의 덕(德)을 갖추었으니 가을철에 결실 보고 실리적이고 부자가 많다.

지지(地支)에 인(寅)목이 있어 인오술(寅午戌) 화국(火局)을 이루는 구조면 봄 동산에 불이 난 것으로 나무가 분소되어 재가 되니 재산을 탕진하게 되고 가사를 망친다. 승도지명에 많고 걸인이나 고아가 된다.

갑(甲), 을(乙)목이 너무 많으면 간벌이 필요해 정(丁)화와 경(庚)금이 있어야 한다. 정(丁)화는 경(庚)금을 제어해야 하는데 하지 못할 때에는 난폭하고 재물로 인해 패가망신한다. 무(戊)토 자체 폭도가 된다.

[사주명 예 49]

庚	戊	戊	乙
申	午	寅	未

여자 명(命)으로 인(寅)월 무(戊)토 봄 동산이다. 인(寅)월 봄 동산에 지지(地支)에서 인(寅), 오(午), 합(合)으로 불이 났다.

시간(時干) 경(庚)금을 용신(用神)으로 광산 금에 해당하는 특이한 명조이다. 광산 금 용신(用神)자는 자식 덕(德), 배우자 덕(德)이 부족한 경우가 많다. 금부화자(金夫火子)로 시간(時干) 용신(用神)인자 평생 자신이 벌어서 먹어야 한다.

일지가 용신(用神)과 극이라 더욱 덕(德)이 없다. 아버지는 일간(日干)과 비견이라 보통이고 어머니는 인(寅), 오(午), 합(合)으로 몸이 약하다.

[사주명 예 50]

건(乾)명

丙	戊	乙	癸
辰	午	卯	卯

남자 명(命)으로 묘(卯)월 봄 동산이다. 시간(時干) 병(丙)화를 용신(用神)으로 을(乙)목이 있어 보기가 좋다.

연간(年干) 계(癸)수는 흉신(凶神)이다. 계축(癸丑) 대운 공부가 힘들고 못했겠다.

[사주명 예 51]

건(乾)명

庚	戊	戊	己
申	子	辰	卯

진(辰)월 무(戊)토이다. 봄 동산에 나무와 꽃이 무성하게 자라나야 하니 목(木)을 용신(用神)으로 한다.

지지(地支) 묘(卯)목이 용신(用神)이다. 목(木)을 필요로 하는 계절에 봄 동산이니 목(木)이 왕(旺)한 운에서 발달하게 되는 명(命)이다.

목자수처(木子水妻)로 일지에 자(子)수가 앉으니 처 덕(妻德)이 있다.

2) 여름철 무(戊)토

여름철에는 산 기운이 강해 활력이 넘치고 제철에 태어난 환경으로 어디를 가도 환영을 받고 믿음직하게 보인다. 따라서 항상 막중한 임무가 주어지며 기대에 부풀어 있다.

산이 임무는 두 가지가 있는데 하나는 갑(甲)목을 심어 병(丙)화로 기르는 것이며, 다른 하나는 나무를 키우지 않고 돌이나 보석 광석이 있어 광산이 되는 의무가 그것이다.

나무를 기르는 환경은 갑(甲)목과 병(丙)화가 있어 잘 자라는 환경에 지지(地支)에 물기가 있는 진(辰)토나 자(子)수 등이 있어 물을 대어주는 구조면 부자이며, 귀(貴)하게 되며 일생을 통해 즐거움이 끊이질 않아 길(吉)한 명(命)이 된다.

아내와 자식 덕(德)이 있으며 여자 명(命)은 남편과 자식 덕(德)이 있어 행복한 명(命)이 된다.

광산이 되는 구조는 토왕절(土旺節)에 나무 없이 경(庚)금과 신(辛)금 등 금으로만 이루어진 구조를 말한다. 광산 금 명조는 먹을 것은 풍부하고 능력이 있는 사람이 되나 남녀 모두 배우자 궁이 불미해서 일생 해로가 힘들거나 자식으로 인해 고충을 겪게 된다.

여름철 무(戊)토라 지지(地支)에서 신(申), 자(子), 진(辰) 수국(水局)을 이루면 좋으나 금신(金神)인 신(申)금은 인묘진(寅卯辰)과는 떨어져 있어야 하며 임(壬)수가 나오면 임(壬)수를 퍼내야 하니 할 일을 하고도 공이 없는 것이다. 남에게 좋은 일을 하고도 자신에게는 공이 없는 억울함이 있다. 남녀 모두 여름철에 물기 없이 조열하면 외롭고 힘든 삶을 살아가게 된다.

자연의 이치는 서로 조화를 이루며 균형을 갖추어야 편안하게 살아가는 것이다.

무(戊)토 산이 갑(甲), 을(乙), 목(木)이 있어도 무(戊), 계(癸), 합(合)이 되면 본분을 잊어버린 것으로 할 일을 하지 않고 배양의 덕(德)을 상실한 것으로 모든 일이 성사가 안 된다.

여름철 무(戊) 계(癸) 합(合)은 물을 혼자 다 마신 것으로 남까지 망치고 자신도 망치는 격이다.

여름철에 물기 없이 화국(火局)을 이루는 구조이면 걸인이나 승도지명으로 살아가는 경우가 많고 술을 많이 먹어 폐인으로 살아간다.

[사주명 예 52]

건(乾)명

丙	戊	乙	壬
辰	辰	巳	寅

사(巳)월 무(戊)토로 남자 명(命)이다. 사(巳)월이라 천간(天干) 을(乙)목도 사용 가능하나 을(乙)목은 무(戊)토를 치는 것이라 무(戊)토가 별로 좋아하지 않는다.

지지(地支) 인(寅)목이 용신(用神)이다. 여름철이라 수목(水木) 용신(用神)으로 진(辰) 중 계(癸)수와 을(乙)목도 사용한다.

목자수처(木子水妻)에 해당되어 자식이 있을 듯하나 대운이 금(金) 대운으로 흘러 사유(巳酉) 금(金)으로 인(寅)목을 치니 자식이 없다.

[사주명 예 53]

곤(坤)명

甲	戊	庚	甲
寅	辰	午	寅

오(午)월 무(戊)토로 갑(甲)목이 길(吉)한 듯하나 더운 여름철에 시원한 것을 그리워한다.

나무를 사용하기보다 경(庚)금을 용신(用神)으로 한다. 지지(地支) 인

(寅), 오(午), 합(合)이 흉(凶)하다. 여름 산에 불이 난 격이다.

[사주명 예 54]

곤(坤)명

辛	戊	己	戊
酉	申	未	子

여자 명(命)으로 목왕절(木旺節)에 나무가 없다. 신(辛)금을 용신(用神)으로 광산 금을 이룬다.

무(戊)토 일간(日干)에 신(辛)금 용신(用神) 자는 제조업이나 장사 하면 길(吉)하다. 병진(丙辰) 대운 중 임자(壬子)년에 지지(地支)의 신(申)금과 합(合)해 첩(妾)이 되었다. 지지(地支)의 비겁 운으로 유부남을 만나 애를 낳았다.

3) 가을철 무(戊)토

가을은 결실의 계절로 만물이 성숙해서 열매를 맺거나 꽃을 피우는 완숙의 계절이다. 산은 결실을 맺기 위하여 기를 나무와 키워 줄 태양이 있으면 결실을 맺는 좋은 환경을 이룬다.

병(丙)화, 갑(甲)목, 진(辰)토가 있으면 봄, 여름에 농사를 지어놓은 것을 가을철에 거두어 먹는 것이 된다. 이런 구조를 가진 사람은 태어날 때부터 부유하고 한평생 일을 하지 않아도 될 만큼 먹고 사는 데에 지장이 없다.

무(戊)토는 나무가 한 군데도 없으면 광산 금을 이루는 구조가 되는데 가을철에는 광산 금을 이룰 수 없고 생목(生木)과 사목(死木)을 구분해서 명조를 판단한다.

생목(生木)인 경우에는 돌아오는 봄과 여름에 길(吉)한 구조이고, 사목(死木)인 경우에는 재목으로 사용하는 구조가 되는지 판단한다.

지지(地支)에 금신(金神)이 있으면 산에 돌이 있는 것과 같아 오(午)화가 있어야 금신(金神)을 제어해 줘서 먹고사는 구조가 된다.

갑(甲)목과 병(丙)화가 있어도 지지(地支)에 신유술(申酉戌)이 갑(甲)목의 뿌리인 인(寅)목이나 묘(卯)목을 상하게 하면 부귀(富貴)가 허망하게 되어 흉(凶)하다.

지지(地支)에 오(午)화가 없고 천간(天干)에 정(丁)화가 나오는 경우에는 건조한 산에 불이 난격으로 재난과 풍파가 끊이지 않아 힘든 삶을 살게 된다.

[사주명 예 55]

건(乾)명

丁	戊	庚	戊
巳	申	申	辰

가을 산으로 월간(月干) 경(庚)금이 바위로 바위산에 해당된다. 경(庚)금을 제어하기 위해 시간(時干) 정(丁)화를 용신(用神)으로 한다.

시간(時干) 정(丁)화가 가을철에 빛나니 총명하고 잘생겼다. 경(庚)을 제어하는 능력이 있으니 할 일이 많다.

[사주명 예 56]

건(乾)명

辛	戊	乙	庚
酉	午	酉	戌

　유(酉)월 무(戊)토로 지지(地支) 오(午)화가 용신(用神)이다. 정해(丁亥) 대운에는 공부 잘했다. 용신(用神)의 올라와서 신(辛)금을 제어하고 경(庚) 금도 제어하니 총명하다. 진(辰) 세운이면 술(戌)을 충(沖)해서 산이 흔들리 니 대학 낙방할 가능성 높다. 그러나 인(寅) 세운이면 일류대학 합격 가능성 이 있다.

　무자(戊子)대운은 자(子)수가 오(午)화를 칠 것으로 흉(凶)할 것 같으나 지지(地支)의 싸움을 봐야 한다.

　일시지(日時支)에서 오(午)화가 유(酉)금을 잡아 놨기에 자(子)수는 유 (酉)금이 어머니 격으로 오(午)화에 어머니가 잡혀 있어 오(午)화를 칠 수가 없다. 크게 흉(凶)하지 않다. 이러한 구조를 난강망에서는 인질극으로 표현 한다.

　세운에서 신(申)년이 오면 신자(申子) 합(合)으로 오(午)화를 치니 흉(凶) 하게 작용한다. 난강망의 이치는 글자 대 글자 간의 관계, 충(沖) 합(合) 관 계, 힘의 균형을 보는 것이 묘미다.

[사주명 예 57]

건(乾)명

甲	戊	庚	壬
寅	申	戌	午

술(戌)월 무(戊)토로 목화(木火)가 용신(用神)이 되는데 시간(時干) 갑(甲)목은 경(庚)금이 극해서 용신(用神)으로 사용하지 못하고 지지(地支)가 더워 수(水)를 생하는 경(庚)금이 용신(用神)이다.

싸움에서 승리한 경(庚)금을 용신(用神)으로 사용한다고 해석해도 좋다. 진(辰)토가 와서 진(辰), 술(戌), 충(沖)을 이루면 건강이 해로워 흉(凶)하나, 일지 신(申)금을 생해 용신(用神)을 생하는 형식이니 경제력은 좋아진다.

4) 겨울철 무(戊)토

겨울철에는 춥고 바람이 부는 산을 생각하라. 춥고 눈보라에 얼어붙은 산에는 따뜻한 온기(溫氣)가 그리운 법이다. 화신(火神)이 있어 산을 녹여 주어야 살 만하다.

겨울철은 병(丙)화보다는 정(丁)화가 쓰이며 지지에서 오(午) 술(戌) 미(未) 중 한 글자가 나와서 따뜻하게 대지를 녹여 주면 길(吉)하게 된다.

정(丁)화 없이 병(丙)화가 나오면 겨울철에 태양이 힘이 없는 것으로 약한 태양에 해 빛을 쬐는 모양이라 활동성이 없고 할 일을 하지 않는 구조이다.

겨울철에는 정(丁)화가 불로서 강한 역할을 하는데 겨울철 바람을 막아 정(丁)화를 보호해 줘야 길(吉)한 구조로 안정된 삶을 살아갈 수 있다.

갑(甲) 병(丙)이 있고 지지(地支)에 인묘진(寅卯辰) 중 한 글자 있어 갑(甲)목의 뿌리 역할을 이루는 구조이면 초년에는 고생해도 돌아오는 봄, 여름에 다시 화창하게 피어나는 환경이 와서 발복하게 되는 운명이다.

갑(甲)목과 병(丙)화 없이 천간(天干)에 경(庚) 신(辛)금이 나오면 추운 겨울에 우박서리가 내린 것으로 겨울 산에 먹을 것이 없고 돌멩이와 서리만 있는 형상이다. 이런 구조에 임(壬)수, 계(癸)수가 있으면 병(丙)화를 볼 수가 없어 암울한 그늘에서 살아가게 된다.

지지(地支)는 겨울철에 따뜻한 온기(溫氣)를 느껴야 살 수가 있는데, 미(未)토나 오(午)화가 있어 따뜻하게 보호해 줘야 먹고사는 데 지장이 없는 구조다. 그렇지 않으면 자(子)월에 냉해, 냉동 상태가 되어 거지에 해당한다. 이런 구조는 인묘진(寅卯辰), 사오미(巳午未)월이 와도 발복이 어렵고 병으로 인해 고생하게 된다.

해(亥)월은 냉한 상태가 되고 자(子)월은 동한 상태가 되어 나무가 냉해를 입으니 부(富)를 이룰 수가 없다.

지지(地支)에 수국(水局)을 이루고 천간(天干)에 임(壬), 계(癸)수가 나오면 갑(甲)목이나 병(丙)화가 있어도 아무 소용이 없는데 이때 천간(天干)에서 무(戊)토가 있어 물을 제어하는 구조이면 병이 있어도 약이 있는 구조로 활인 지명의 삶을 살게 된다.

무(戊)토가 있다 해도 계(癸)수가 나와 무(戊), 계(癸), 합(合)을 이루면 갑(甲)목과 병(丙)화가 있어도 배양할 능력이 없으니 영달이 없고 임무 수행 능력을 잃어버린 것으로 무능하다.

해(亥)월 무(戊)토는 병(丙)화를 선용(先用)하고 갑(甲)목을 그 다음으로 사용하는데 해(亥)수는 씨앗을 보유하고 있는 것으로 봄, 여름에 씨앗을 뿌려 농사짓는 환경을 기다리는 것이다.

해(亥)는 묘(卯)목과 미(未)토를 만나 씨앗이 목(木)으로 변화되는 인자를 가지고 있다.

자(子)월 무(戊)토는 춥고 얼음이 어는 계절에 해당하니 우선 따뜻한 화(火)를 필요로 한다.

병(丙)화가 있고 지지(地支)에 진(辰)토 천간(天干)에 갑(甲)목이 있으면 장차 부자 환경을 이룬 것으로 봄여름에 발복하게 된다. 지지(地支)는 오(午), 미(未)가 있어 인묘진(寅卯辰)이 상하지 않아야 한다.

오(午), 미(未)가 없이 인묘진(寅卯辰)이 상하게 되면 봄여름이 와도 모두 병들어 죽는 형상이 되니 재앙이 따른다.

어떤 일간(日干)이든지 냉한을 해결하지 못한 사주명은 궁색하고 거지에 해당된다.

축(丑)월 무(戊)토는 갑(甲)목이 있고 병(丙)화가 있어야 길(吉)한 구조가 되는데 갑(甲)목이 우선이고 병(丙)화가 그 다음에 사용된다.

[사주명 예 58]

곤(坤)명

戊	戊	辛	丁
午	子	亥	酉

해(亥)월 무(戊)토로 천간(天干)에 정(丁)화가 긴요하게 쓰인다. 지지(地支) 오(午)화는 정(丁)화의 뿌리이나 자(子)수에 죽어 그 역할이 미미하다.

땔감에 해당하는 인(寅), 묘(卯), 목(木)이 올 때 나아지는 구조이다.

[사주명 예 59]

곤(坤)명

壬	戊	甲	癸
戌	申	子	卯

자(子)월 무(戊)토로 시지(時支) 술(戌)토가 긴요하다. 술(戌)토 용신(用神)으로 겨울 산에 물이 고여 있고 산에 나무가 무성하나 눈보라가 내리는 형상으로 산천이 물이 얼어 냉한 사주로 몸이 신장과 변비, 설사, 치질이 있다.

토(土)로서 따뜻함을 우선하고 그 다음에 화(火)를 사용해야 한다. 시지(時支)가 외국이라 외국에 나가야 일이 풀리고 따뜻한 환경을 이룬다.

[사주명 예 60]

곤(坤)명

壬	戊	己	乙
戌	子	丑	巳

축(丑)월 무(戊)토로 밖에 물이 고여 있고 기(己)토로 산이 무너지는 형상이니 을(乙)목으로 기(己)토를 막아 산이 무너짐을 방지한다.

지지(地支) 술(戌) 중 정(丁)화가 긴요하게 쓰이고 공협에 해(亥)중 갑(甲)목도 사용한다.

추운 겨울에 바람이라도 불어서 생기를 불어 넣는다. 바람이 불어야 모든 생물이 살 수 있는 것이다.

5) 무(戊)토 일간(日干)과 용신(用神)론

무(戊)토는 산이기 때문에 움직이면 안 된다. 진술(辰戌) 충(沖)을 제일 꺼린다. 진술(辰戌) 충(沖) 된 자는 항상 불안하고 매사에 되는 일이 없다. 심신이 불안하고 곡절이 많다. 지진이 난 격이다.

갑(甲)목을 심고 병(丙)화로 조양하면 좋다. 지지(地支)에서 계(癸)수를 용신(用神)으로 하면 좋다.

갑병(甲丙)은 부귀(富貴)요, 지지(地支) 계(癸)수는 중격(中格)이다. 갑(甲)목 나오면 고산지목(孤山之木)으로 부(富)하게 살 수 있고 을(乙)목 나오면 야산이 되어 꽃동산이니 사치와 낭비로 빈한하며 바람피우고 되는 일이 없다. 그러나 소부(小富)는 된다. 갑(甲)목 나오지 않는 자는 부자가 없다. 갑(甲)목 나오면 모두 부자다.

목(木)이 있고 금(金)이 있다면 남녀 간 배우자 궁이 안 좋고 남자 명은 자손도 불길하며 우박 서리 맞은 격이다. 또한 지지(地支)에 금(金)이 있어 목(木)의 근지(根支)를 상하면 무슨 일이든지 중단이 된다.

병(丙)화만 있어도 영광은 있으며 교사나 학자일 뿐 40세 이후에 가난하다.

춘하(春夏)절생 무(戊)토 일주는 남녀 간 배우자 궁이 불미하고 몸이 아프다. 산에 불이난 격이니 불난 산에 무슨 나무가 있고 동물이 생존하랴.

정(丁)화가 천간(天干)에 나오면 산에 불이 난 격이니 울화통이 터진다. 임(壬)수가 있으면 돈 걱정이 많고 정(丁)화로 합(合)시키면 천혜가 있어 편하나 고독하다.

토(土)가 많고 목(木)이 없으면 넓은 땅에 심을 것이 없는 격이다. 이것저것 많이 배운다. 목(木)이 많고 토(土)가 없으면 좁은 땅에 많이 심으니 욕심만 많다.

토(土)가 많고 목(木)이 하나 있으면 넓은 땅에(허허벌판) 나무하나 심은 격이다. 게으른 사람이며 욕심내다 망한다.

[무(戊)토 일간(日干) 종합예제 1]

壬	戊	甲	己
戌	辰	戌	亥

　남자 명(命)으로 술(戌)월에는 나무를 우선하고 수(水)를 사용하기도 하는데 본명은 지지(地支)에 진(辰) 술(戌) 충(沖)을 이루고 있다.

　갑(甲), 기(己), 합(合)으로 갑(甲)목을 사용하지 못하고 진(辰) 중 을(乙)목을 사용한다.

　계유(癸酉) 대운은 무계(戊癸) 합(合)되고 흉(凶)하다.

　임신(壬申)대운도 역시 길(吉)하지 못하나, 신미(辛未)년은 길(吉)하다.

　경오(庚午) 세운 역시 길(吉)하다. 운로가 초년보다 나아지니 자수성가 명(命)이다. 운이 길(吉)하게 가는 구조로 성공이 순조롭다.

　경오(庚午) 운은 보람도 있고 재미있는 삶을 산다. 운이 길(吉)하게 가니 일차 용신(用神)으로 사용하는 갑(甲)목이 갑(甲) 기(己) 합(合) 되어도 사기 치는 성향을 자제하고 정당하게 살려고 노력한다.

　용신(用神)이 합(合)되어 운로가 흉(凶)하게 가면 정당하게 살지 못하고 남에게 사기 치거나 노력하지 않고 얻으려 하는 습성이 있다.

　일지 진(辰)토에서 용신(用神)을 사용하니 처 덕(妻德)이 있으나 그 아내는 진(辰), 술(戌), 충(沖)으로 흔들려서 힘들어한다.

[무(戊)토 일간(日干) 종합예제 2]

壬	戊	戊	庚
戌	申	寅	戌

건명으로 인(寅) 중 병(丙)화 용신(用神)이며 화자목처(火子木妻)에 해당한다. 술(戌)토가 인(寅)목을 태우고 있다.

인(寅), 신(申), 충(沖)이나 술(戌) 중 정(丁)화가 신(申)금을 제어해 어느 정도 해결은 되었다.

월간(月干) 무(戊)토는 흉신(凶神)인 경(庚)금을 도와주는 꼴이라 별로 도움이 안 된다.

술(戌) 중 정(丁)화를 사용할 때 자식이 길(吉)하고 흉성을 제거하려고 노력하는 형태로 부단히 노력하는 사람이다.

지지(地支)에 오(午)화 운이 오면 인(寅)목이 타나 신(申)금을 녹여 지지(地支)의 갑(甲), 정(丁), 경(庚)을 이룬 구조로 길(吉)하게 된다.

지지(地支) 신(申)금을 오(午)화로 다스리니 돈이 되고 부자가 가능하다.

화자목처(火子木妻)인데 일지가 신(申)금으로 처(妻)를 들이기는 쉽지 않으나 술(戌)토로 해결한 것이라 그런대로 살아간다.

1.6 기토(己土)

토(土)라고 하나 하늘에서는 구름이 된다. 이는 갑(甲)목 우뢰와 구름이 합(合)해서 비가 오니 정(丁)화와 함께 유(酉)금에서 생하고 오(午)화에서 록(祿)하니 여름에 작물을 생육하는 성정을 가진다.

전원, 밭, 들판에 해당되어 갑(甲)목 을(乙)목을 키우는 토대가 된다.

1) 봄철 기(己)토

기(己)토는 밭, 들판, 평지에 해당하는 글자이다. 무(戊)토와 같이 갑(甲)목을 심어 결실을 맺는 것이 주요한 일이다.

을(乙)목은 화초 꽃으로, 기(己)토에 심기어 할 일을 할 수 있으나 갑(甲)목만큼은 부유하지 못하다. 사치와 낭비가 심하고 바람둥이 기질이 있으며 실속이 없으니 고생하고 말년에 가난하게 사는 경우가 많다.

갑(甲)목이 오면 갑(甲), 기(己), 합(合)으로 내 밭에 갑(甲)목 열매가 온 것이라 횡재수가 있다.

기(己)토는 밭으로 충(沖)을 기뻐한다. 밭은 갈아엎어서 새로운 작물을 키울 수 있는 양분을 마련하고 경작할 수 있기 때문이다.

봄철 기(己)토는 밭을 갈아 파종을 하는 시기로 갑(甲)목과 병(丙)화가 있고 지지(地支)에 진(辰)토를 가지고 있으면 부유한 삶을 산다.

기(己)토는 임(壬)수가 나오는 것을 최고로 흉(凶)하다고 보는데 밭에 임(壬)수, 바닷물이 들어오면 모든 작물이 살 수 없기 때문이다. 이때 무(戊)토가 있어 임(壬)수를 제어하면 길(吉)하다.

봄철 기(己)토는 씨앗을 심을 시기로 희망과 포부가 크고 활동성이 강하다. 갑(甲)목이 있으면 길(吉)하나, 경(庚) 신(辛)금이 있어 봄밭에 농사지었는데 우박과 서리가 내리면 작물이 냉해를 입으니 살아가는 데 고난을 면하기 어렵다.

기(己)토는 만물을 키우는 글자로 병(丙)화가 나와 생의를 돋우어야 한다. 병(丙)화만 있고 갑(甲)목이 없으면 게으르나 풍요로움은 있다.

병(丙)화가 나와 용신(用神)으로 사용하는 경우, 남자 명은 화자목처(火子木妻)이며 배우자 글자가 목(木)에 해당된다. 이때 배우자와 불화가 심한데, 배우자 글자와 내 일간(日干) 글자 기(己)토가 상극을 이루는 구조여서 그렇다.

인(寅), 묘(卯) 월의 기(己)토는 인(寅) 중 병(丙)화를 용신(用神)으로 하는 경우가 많고 진(辰)월 기(己)토는 갑(甲)목을 선용(先用)하며 을(乙)목과 병(丙)화를 차용(次用)으로 한다.

기(己)토 일주는 남녀 모두 지지(地支)에 묘(卯), 미(未)가 있으면 길(吉)한 구조가 되는데, 그 중에서 기미(己未) 일주가 최고로 길(吉)하다.

미(未)토는 축(丑)을 만나 기쁜 경우가 많고 추운 겨울에 따뜻한 글자여서 먹고사는 데 어려움이 없다.

[사주명 예 61]

건(乾)명

甲	己	壬	壬
戌	卯	寅	寅

인(寅)월 기(己)토로 화토(火土) 용신(用神)으로 한다. 술(戌)토가 나와 있으니 선용(先用)하고 기해(己亥) 대운에 해묘(亥卯) 합(合)으로 목극토(木克土) 하지만 목생화(木生火)도 한다.

일생 중에서 해(亥)운이 가장 길(吉)하다. 기해(己亥) 대운에 부부 마찰은 있으나 결혼이 가능하다.

[사주명 예 62]

건(乾)명

癸	己	丁	甲
酉	丑	卯	辰

묘(卯)월 봄밭으로 정(丁)화는 불이라 흉(凶)하다. 갑(甲)목이 정(丁)화에 타는 것을 계(癸)수가 정(丁)화를 끄는 구조이다.

자식 글자가 계(癸)수라 자식이 총명하고 활인지명이다. 항상 일이 터지고 난 후 후속 조치하는 성정이다.

정(丁)화가 꺼진 것으로 자상한 면은 없다.

[사주명 예 63]

곤(坤)명

庚	己	丙	戊
午	巳	辰	戌

진(辰)월 기(己)토로 월간(月干) 병(丙)화를 용신(用神)으로 한다.

계축(癸丑)대운이 오면 계(癸)수가 병(丙)화를 치려고 하나 연간(年干) 무(戊)토가 막아 주니 보통은 되고 시간(時干) 경(庚)금이 흉신(凶神)인데 축(丑) 대운에 고장으로 흉(凶)이 약해지니 보통은 된다.

세운에서 임신(壬申)년이 오면 임(壬)수는 병(丙)화가 좋아하는 글자라 용신(用神)이 살고, 임(壬)수를 막을 무(戊)토도 있어 하는 일이 잘된다.

임(壬)년은 갑(甲)이나 무(戊)토 있는 자, 병(丙)화 용신(用神)은 길(吉)하게 된다.

2) 여름철 기(己)토

여름철에는 만물이 활기차게 성숙하는 시기로 기(己)토는 갑(甲) 병(丙) 진(辰)이 있어 병(丙)화로 나무를 키울 수 있는 환경을 이루면 부유한 삶을 산다. 이때도 반드시 여름철이라 물이 있어야 하는데 기(己)토는 지지(地支)에 있어야 한다.

기(己)토가 갑(甲) 을(乙)목이 없고 경(庚) 신(辛)금이 있으면 돌밭에 해당되어 나무를 키울 수는 없어도 보석, 돌을 캐어 돈을 이룰 수가 있어서 의식(衣食)이 있고 재물을 얻을 수는 있으나 배우자와 인연이 좋지 않는 경우가 흔하다.

무(戊)토와 다른 점은 무(戊)토는 진(辰), 술(戌), 충(沖)을 이루면 산이 무너지는 형상이라 흉(凶)한데, 기(己)토는 축(丑), 미(未), 충(沖)을 기뻐한다는 점이다. 축(丑), 미(未), 충(沖)을 이루어 밭을 일구어야 경작이 가능한 까닭이다.

여름철에 갑(甲)목이 나와 있는데 병(丙)화가 없으면 갑(甲)목을 키울 수가 없어 겉모양은 좋으나 결실을 맺을 수가 없다.

남자 명은 자식이 병들고 여자 명은 남편이 병들고 가난하다.

여름철에 물기가 지지(地支)에 있어야 하는데 지지(地支)에 진(辰)토, 또는 자미(子未)토를 이루면 길(吉)하고, 신자진(申子辰) 수국(水局)을 이루고 있어야 길(吉)한 구조가 된다.

만약 수기(水氣)가 없으면 축(丑)토라도 사용하는데, 축(丑)토는 얼음덩어리에 해당되어 미(未)토와 만나서 축(丑), 미(未), 충(沖)을 이루면 길(吉)하게 작용한다.

지지(地支)에서 해(亥) 중 임(壬)수를 사용하는 경우 하는 일마다 흉(凶)하게 되어 도둑놈의 성정을 가지게 되는데, 해(亥)는 씨앗에 해당되어 씨앗을 바닷물로 탁수(濁水)시킨 것으로 정당하지 못한 일을 하기 때문이다.

천간(天干)에 갑(甲), 병(丙)이 나오면 임(壬)수는 사용하지 못하며 오히려 계(癸)수가 길(吉)하게 작용한다. 임(壬)수 나오면 몸이 아프고 질병으로 고생이 많다.

여름철 기(己)토는 태어날 때부터 일이 많아 책임질 일이 많고 사방에서 부르는 곳이 많아 할 일이 많은 사람이다.

반드시 병(丙)화가 있어야 하며 지지(地支)에 수기(水氣)가 있어야 함은 필연적인 자연 환경구조이다.

사(巳)월 기(己)토는 지지(地支)에 자진(子辰)수를 사용하며 천간(天干)에 갑(甲) 병(丙)이 있으면 부귀(富貴)할 명(命)이다.

사(巳)중에는 경(庚)금이 있으니 지지(地支)에는 인(寅), 묘(卯), 목(木)이 없는 것이 낫다. 사유축(巳酉丑)금으로 인묘진(寅卯辰)을 상하게 하면 일은 하나 결실을 이루지 못해 오히려 일을 망치는 경우가 흔하다.

오(午)월 기(己)토는 더운 여름철이라 지지(地支) 수기(水氣)를 사용하며 갑(甲) 병(丙)이 천간(天干)에 있어야 큰 인물이다.

지지(地支)에 수기(水氣)가 없으면 조열해서 작물을 망치는 것으로 재산도 파산하고 고사하면 처자식을 잃고 유랑하는 삶을 살게 된다.

오(午)월에 경(庚), 신(辛)금이 있고 임(壬)수가 나오면 길거리에 나와서 일을 많이 하지만 헛수고만 해서 결실을 이루지 못한다.

미(未)월 기(己)토 역시 천간(天干)에 갑(甲), 병(丙), 지지(地支)에 수국(水局)을 이루면 부지런히 갈고 김을 매어 부자의 삶을 살게 된다.

미(未)토가 있어 축(丑), 미(未), 충(沖)을 이루면 중년 후에 부자가 가능하다.

[사주명 예 64]

곤(坤)명

甲	己	乙	丁
子	卯	巳	酉

사(巳)월 기(己)토로 시간(時干) 갑(甲)목을 용신(用神)으로 한다. 일지 묘(卯)목에서 올라온 을(乙)목이 나를 치는 형상이니 부부 불화가 있다.

배우자 덕(德)은 있을 것 같으나 없다. 사유(巳酉) 합(合)으로 축(丑) 대운이 와서 금극목(金克木)이 되면 별거 또는 이혼하게 된다.

[사주명 예 65]

곤(坤)명

乙	己	壬	庚
亥	丑	午	子

오(午)월 기(己)토로 여름철 논밭에 임(壬)수 바닷물이 들어온 형상이다. 더우니 축(丑) 중에 계(癸)수를 더욱 갈구해서 남편을 얻고자 한다.

축(丑)은 늙은 글자이므로 연상의 남자를 만나고, 인(寅)목이 와서 불을 더욱 강화시키면 물을 더욱 갈구하게 된다. 음주하고 삶을 포기하고 싶은 마음이 든다.

[사주명 예 66]

건(乾)명

戊	己	己	戊
辰	卯	未	辰

미(未)월 기(己)토로 일지 묘(卯)목 용신(用神)이다. 해(亥)운이 오면 해묘(亥卯) 합(合)으로 용신(用神)이 목(木)으로 변해서 부(富)를 이루어 살았다.

일지 용신(用神)이 물과 목(木)을 사용해 여자가 많이 따르며 첩(妾)을 두고 산다.

3) 가을철 기(己)토

가을철에는 만물이 결실을 이루어 수확하는 계절이다. 여름철에 갑(甲), 병(丙)이 있어 가을에는 수확을 맺는 것이 중요한 것이다. 갑(甲)목과 병(丙)화가 있어야 함은 물론이다.

가을철에 갑(甲), 병(丙)이 있어도 수확하기 전에 논밭에 있는 곡식이나 과일들을 새들이 쪼아 먹어 버리지 않을까? 또는 서리에 피해를 입지 않을까? 신경을 쓰는 시기이므로 의심이 많고 성격적으로 의처, 의부증이 있게 된다.

지지(地支)에는 신(申), 유(酉)금이 있어 목(木)의 뿌리를 상하게 하면 흉(凶)하고 오(午), 술(戌), 미(未)가 있어 금신(金神)을 제어하는 구조면 길(吉)하게 된다.

기(己)토 의무는 갑(甲)목을 키우는 것으로 갑(甲)목이 나오면 생목(生木)인지 사목(死木)인지를 구별해야 한다.

사목(死木)은 지지(地支)에 인묘진(寅卯辰) 중 한 글자도 없어서 목의 뿌리가 없는 것이며, 생목(生木)은 인묘진(寅卯辰) 중 한 글자가 있는 것이다.

가을철 기(己)토는 정(丁)화가 나오면 임(壬) 계(癸)수로 제어해야 하는데 제어하지 못하면 여자 명은 과부가 많다.

가을철에는 목화(木火) 활동이 멈추고 수장하는 시기로 만물이 결실을 이루어 수렴하는 계절이다.

과실을 여물게 하기 위해 병(丙)화가 필히 사용되고 지지(地支)에는 한랭해지는 시기이므로 진(辰)토와 병(丙) 정(丁)화가 있는 것이 목(木)의 뿌리를 보존해서 길(吉)하게 된다.

신(申)월 기(己)토는 지지(地支)에 인신(寅申) 충(沖), 유(酉)월의 묘유(卯酉) 충(沖)을 이룰 수 있는 경우가 많으니 반드시 오(午), 술(戌), 미(未)가 있어 금신(金神)을 제어해 줘야 한다. 만약 제어 하지 못하는 구조면 금목상전(金木相戰)으로 보관했던 곡식을 도실당하는 우려가 있고, 재산을 갈취당하고 사업을 망치게 되니 흉(凶)하다.

가을철 기(己)토가 갑(甲), 병(丙)이 있으면 노력하지 않아도 얻는 재산이 있고 이미 부자이다.

가을철에 신자진(申子辰) 수국(水局)을 이루어, 천간(天干)에 임(壬)수가 범람하면 무(戊)토가 있어 제어해 줘야 길(吉)한데 지지(地支)에서 토자화처(土子火妻)에 해당해서 화처(火妻) 글자가 약하면 홀아비가 될 가능성이 많다.

인(寅)목이 오(午), 미(未)가 오면 화(火)의 글자가 강하게 되어 처 덕(妻德)이 크다.

술(戌)월 기(己)토는 토(土)가 왕(旺)한 계절이다. 목화(木火)가 실기하고 휴수되는 시절이다.

천간(天干) 갑(甲)목을 선용(先用)하고 병(丙)화가 있으면 길(吉)하다. 월지(月支)가 조열하므로 수기(水氣)를 요하며 자(子)수를 사용한다.

목자수처(木子水妻)에 해당되어 수처(水妻)와 토극수(土克水)를 이루는 구조가 많은데 이때 처(妻)가 극을 당하는 형상이니 처(妻)가 아프고 병으로 고생한다.

한편으로 수기(水氣)가 없어 지지(地支)가 조열한 구조이면 수(水)를 취하려고 여러 명의 아내를 둔다.

[사주명 예 67]

건(乾)명

甲	己	壬	甲
戌	酉	申	午

신(申)월 기(己)토로 임(壬)수가 흉신(凶神)이다. 가을철이라 오(午)화 용신(用神)으로 사용한다. 월간(月干) 임(壬)수는 기(己)토에게는 최 흉(凶)이나 시간(時干) 갑(甲)이 있어 그나마 갑(甲) 기(己) 합(合), 수생목(水生木)으로 탁수(濁水)되는 것은 약하다.

신(申) 유(酉)대운이 오면 오(午)화 용신(用神)이라 대운을 이긴 운으로 성실하게 일하는 운이다.

[사주명 예 68]

건(乾)명

丙	己	癸	甲
寅	丑	酉	申

유(酉)월 기(己)토로 지지(地支)에 축(丑), 신(申), 유(酉)금으로 돌밭에 해당한다.

시간(時干) 병(丙)화가 있고 연간(年干) 갑(甲)목이 외양은 그럴듯하나 늦가을 기(己)토라 병(丙)화는 계(癸)수에 맞아 힘이 없어 약하다. 월급쟁이 생활로 살아간다.

[사주명 예 69]

건(乾)명

甲	己	丙	庚
子	亥	戌	午

술(戌)월 기(己)토로 병(丙)화가 있고 갑(甲)목이 있다. 시간(時干) 갑(甲) 목 용신(用神)으로 하고 시지(時支)의 자(子)수를 차용(次用)한다.

자식이 길(吉)하게 작용하고 명예가 있다. 갑(甲), 기(己), 합(合)으로 횡재수가 있고 본인은 영리한 사람이다.

4) 겨울철 기(己)토

겨울철에는 땅이 얼어붙어 농사를 지을 수 없는 환경이다. 요즘은 온실 속에서 작물을 키워 계절에 상관없이 모든 식물을 구할 수 있는 환경이다.

겨울철 기(己)토 역시 따뜻한 화기가 있어 온실 속의 환경을 이루면 길(吉)한 사주명이 된다.

천간(天干)이나 지지(地支)에 정(丁)화 기운이 있으면 추운 겨울에 안락하게 살 수 있다.

겨울철 기(己)토는 갑(甲)목과 병(丙)화가 있고 지지(地支)에서 갑(甲)목의 근지(根支)가 상하지 않으면 어릴 때 고생하나 중년 후에 발복할 수 있는 시기가 온다.

겨울철 기(己)토가 정(丁)화가 있어 따뜻한 환경이나 바람 부는 계절이라 무(戊)토가 나와 바람을 막아 줘야 길(吉)한 명(命)이 된다.

겨울철에 정(丁)화를 용신(用神)으로 사용하는 여자 명은 과부가 많은데 여자의 경우 겨울철에 병(丙)화가 용신(用神)으로 사용해야 정당한 것인데 정(丁)화를 사용하기 때문이다.

지지(地支) 글자가 해자축(亥子丑), 추운 환경으로 화(火) 기운이 약하면 남편이 사망하는 환경이다.

해(亥)월 기(己)토는 추우나 아직 얼음의 계절은 아니므로 병(丙)화를 사용하고, 갑(甲)목이 나오면 부귀(富貴)지명이나 지지(地支)에 따뜻한 글자가 있어야 한다.

해(亥)는 씨앗의 글자로 봄, 여름으로 갈 때 싹이 나오는 것으로 씨앗이 싹으로 변화하니 다른 자식이 있는 것이요, 여자 명은 남편이 바뀌는 것에 해당된다.

해(亥)월 기(己)토 여자 명은 남편을 바꾸어 사는 명이요, 남자 명은 이복(異腹)자식이 있을 가능성이 많다.

자(子)월 기(己)토는 얼음이 어는 계절로 지지(地支)에 오술미(午戌未) 중 한 글자가 있어 온기(溫氣)를 보존해 줘야 길(吉)한 명(命)이다. 지지(地支)에 미(未)토 진(辰)토가 있으면 갑(甲) 병(丙)이 없어도 의식(衣食)은 있다.

축(丑)월 기(己)토는 갑(甲)목을 선용(先用)하며 병(丙)화를 차용(次用)한다.

갑(甲), 병(丙)이 있고 지지(地支)에 미(未)토가 있어 축(丑), 미(未), 충(沖)을 이루는 구조이면 재치가 있고, 근면하며 대부대귀할 가능성이 많다. 겨울에도 농사를 지을 수 있는 구조이다.

축(丑)월은 추운 겨울에 해당하니 천간(天干)에 임(壬), 계(癸)수가 나오면 더욱 춥고 꽁꽁 어는 환경이 되니 무(戊)토가 나와 제어하지 못하면 빙설에 해당하며 여름에 중병을 앓고 하는 일마다 성사가 되지 않는 흉(凶)한 명(命)이 된다. 이는 봄여름이 오면 빙설이 녹아 만신창이가 되어 남들이 기피하는 병을 앓게 된다.

[사주명 예 70]

건(乾)명

丙	己	乙	甲
寅	丑	亥	申

해(亥)월 기(己)토로 병(丙)화가 갑(甲)목을 가지고 있어 길(吉)한 구조이다.

화자목처(火子木妻)에 해당하며 일지 글자가 축(丑)토라 처(妻)에 대한 불만이 있겠다.

[사주명 예 71]

건(乾)명

丁	己	丙	甲
卯	未	子	午

자(子)월 기(己)토가 정(丁)화, 병(丙)화 갑(甲)목을 가지고 있어 부귀(富貴) 지명이다. 정(丁)화를 사용해서 화자목처(火子木妻)에 해당하는데 일시지(日時支)가 목(木)으로 처(妻)의 글자라, 처(妻)의 역할이 지중하다.

자(子)수가 입고되는 진(辰)토가 오면 크게 발복한다.

[사주명 예 72]

건(乾)명

甲	己	乙	戊
戌	未	丑	辰

축(丑)월 기(己)토가 갑(甲)목과 을(乙)목을 가지고 있다. 내부의 을(乙)목으로 무(戊)토를 제어하고 시간(時干)의 갑(甲)목으로 밖에서 일을 하는 구조이다.

축(丑) 미(未) 충(沖)의 구조로 총명하고 지혜로워 근면하게 큰일을 하는 구조이다.

5) 기(己)토 일간(日干)과 용신(用神)론

용신(用神)의 개념으로 보면 기(己)토는 병(丙)화를 가지고 갑(甲)목, 을(乙)목을 기르는 것이 본분이다. 따라서 병(丙)화, 갑(甲)목이 용신(用神)이 된다. 수기(水氣)도 필요하니 멀리 떨어지거나 지지(地支)에서 물의 글자가 있고 갑(甲)목과 병(丙)화가 있으면 대부대귀하는 명(命)이다.

을(乙)목이 있으면 꽃나무를 기르는 것으로 화류지명에 해당해서 사치와 낭비가 심하고 실속이 없어 고생한다.

갑(甲)목이 와서 갑(甲), 기(己), 합(合)을 이루는 구조이면, 곡식이 나의 땅에 떨어진 것이니 내가 횡재하는 운이 있다.

경(庚), 신(辛)금이 나오면 갑(甲)목이 우박서리를 맞은 것으로 결실을 맺기 어려우니 정(丁)화가 있어서 경(庚), 신(辛)금을 제어해야 한다. 이때는 정(丁)화가 용신(用神)이다.

경(庚), 신(辛)금이 없이 정(丁)화가 나오면 밭에 불이 난 것으로 되는 일이 없이 세상이 허망하다. 이때는 임(壬)수나 계(癸)수가 나와 정(丁)화를 제어해야 한다.

기(己)토는 임(壬)수가 나오면 질병이 많고 힘든 삶을 살게 된다. 임(壬)수가 연간(年干)에 나오면 조상 때 망한 것이요, 월간(月干)에 나오면 부모 때 망한 것이요, 시간(時干)에 나오면 자식이 망치는 구조이다.

계(癸)수는 하늘에서 내리는 비이니 밭의 입장에서는 편안하고 길(吉)하다. 그러나 병(丙)화가 꺼리는 비여서 떨어져 있어야 한다.

[기(己)토 일간(日干) 종합예제 1]

甲	己	乙	戊
戌	卯	卯	申

묘(卯)월 기(己)토로 천간(天干)에 무(戊)토 용신(用神)으로 건명이니 토자화처(土子火妻)가 된다. 을(乙)목에 용신(用神)이 극되어 패자 용신(用神)이다. 처(妻)궁은 목극토(木克土)로 길(吉)하다고 못한다.

일지 묘(卯)가 술(戌)토, 용신(用神) 뿌리를 극해서 흉신(凶神)이다. 년지신(申)금과 묘(卯)가 암합으로 나쁘나 흉신(凶神)인 묘(卯)를 합(合)하니 길(吉)로 된다. 즉, 신(申)금은 약신(藥神)이 된다.

무오(戊午)년은 오(午)화가 지지(地支)의 신(申)금과 수용되는 관계이나 신(申)금이 약신(藥神)인데 좋은 것을 약하게 하니 흉(凶)하다.

계미(癸未)년에는 천간(天干)에 무계(戊癸) 합(合)되고 지지(地支) 묘(卯), 미(未), 합(合)으로 여자가 바람피울 가능성이 있으나 바람을 피우지 않아도 묘(卯), 미(未), 합(合)으로 시지(時支)의 술(戌)토를 치니 본인은 힘이 든다.

기미(己未)대운이 오면 묘(卯), 미(未), 합(合)으로 역시 같은 성향이 들어나니 아내 때문에 못살겠다고 한다. 실제 바람피우고 여자가 집을 나갔다.

[기(己)토 일간(日干) 종합예제 2]

庚	己	丙	戊
午	巳	辰	戌

진(辰)월 기(己)토는 나무를 심어야 하는데 진(辰) 중의 을(乙)목이 있다. 천간(天干)에 병(丙)화가 있어 병(丙)화를 용신(用神)으로 한다.

계축(癸丑)대운은 용신(用神) 병(丙)화를 계(癸)수가 치려고 하나 연간(年干)의 무(戊)토가 막아 주니 보통은 된다.

시간(時干) 경(庚)금이 축(丑)토에 고장이라 흉성을 발휘하지 못한다. 흉신(凶神)이 제거되니 무난하게 지나가는 운이나 신(辛)년이 오면 용신(用神) 합(合)되어 불안감을 느끼고 자꾸 다른 것을 해보려고 노력은 하지만 결실이 없다.

임(壬)년은 기(己)토에게는 흉(凶)하나 병(丙)화가 좋아하는 글자라 용신(用神)이 산다. 사업은 망하지 않는다. 임(壬)을 막을 무(戊)토도 있으니 길(吉)하다.

1.7 경금(庚金)

거칠고 단단하며 냉하다. 냉하므로 열을 흠모해서 열에 변신되어야 기물(器物)로서의 가치가 있다. 색은 희고 물을 만나면 침잠된다.

토(土)에서 나오나 토(土)를 만나면 매금(埋金)으로 꺼리는 성정이 있고 목(木)을 보면 치려는 난폭한 성정이 있다.

경금(庚金)의 임무는 첫째로 금생수(金生水)이며, 두 번째가 정(丁)화로 제련되어 기물(器物)을 만드는 것이다.

1) 봄철 경(庚)금

경(庚)금은 단련되지 않은 무쇠, 바위, 암석, 차고 단단한 물질에 해당한다. 경(庚)금의 할 일은 용광로에서 사용 가능한 물질로 변화되어 생활에 이롭게 하거나 임(壬)수를 생해 주어 물을 필요로 하는 사람들에게 물을 공급해 주는 일이다.

차고 단단해 겉으로는 냉정하고 강해 보이나 순수하고 따뜻한 정(情)을 그리워하는 면이 있다.

기물(器物)을 만들기 위해 갑(甲)목 땔감과 불 정(丁)화가 있어야 한다. 미완성의 금(金)으로 정(丁)화가 반드시 있어야 쓸모가 있다. 정(丁)화만으로는 할 일을 하지 못하니 땔감에 해당되는 갑(甲)목이 있어야 능력을 가진다.

봄철은 아직 어린 기운으로 사람에 비유하면 어린아이에 해당되어 더 자라야 한다. 병(丙)화가 필요하고 무(戊)토로 보조해 주면 더욱 길(吉)한 구조가 된다.

봄철에 약하다고 금신(金神)이 나와 주어야 길(吉)할 듯하나 봄철에는 금신(金神)이 나오면 흉(凶)하다.

지지(地支)에서도 사(巳), 유(酉), 축(丑), 신(申), 금(金)을 꺼리는데 봄철에는 목(木)이 자라는 때이므로 금신(金神)이 나오면 목(木)이 극(克)을 맞아 흉(凶)하게 되니 오(午), 술(戌), 미(未) 등 화(火) 기운이 나와 줘야 길(吉)하게 된다.

봄철에는 나무가 클 때 금(金)으로 태어났으니 제철에 태어나지 못한 연유로 부모와 자신의 건강이 약하고 환대를 못 받아 외롭고 쓸쓸하게 자란다.

어린 봄철에 경(庚)금이 갑(甲)목과 정(丁)화가 나오면 어린 금(金)이 기물(器物)이 되어야 하므로 소부(小富)는 하지만 어린 시절이라 소년 소녀 가장이 되어 험난한 삶을 살게 되는 경우가 흔하다.

봄철 경(庚)금은 용신(用神)으로 사용하는 글자가 많으니 여자 명은 남편이 여러 명일 가능성이 많고, 남자 명은 배다른 자식이 여러 명 있을 수 있다.

병(丙)화 없이 무(戊)토가 나오면 둔하며 갑(甲), 을(乙)목이 있으면 폭력적 성정이 있고 임(壬), 계(癸)수가 나오면 방랑자 삶을 살게 된다.

인(寅)월 경(庚)금은 아직 어린 금(金)으로 병(丙)화로 배양하고 무(戊)토로 지반을 튼튼히 하면 귀(貴)한 명(命)이다.

지지(地支) 신(申)금을 만나 인(寅) 신(申) 충(沖)이 되면 가정이 파산하고 세상을 그르치는 폭도의 무리이다. 이때는 병(丙)화가 나와도 감당하기 힘들다.

어린 봄철에 천간(天干)에 병(丙), 정(丁)화가 둘 이상 나오면 경(庚)금이 과용해 되어 금(金) 기운이 상실하니 사람이 미친 소리, 헛소리를 한다. 구제책으로는 무(戊)토로 진화하고 지지(地支) 진(辰)토가 있으면 부귀(富貴)가 가능하다.

천간(天干)에 무(戊)토가 없으면 임(壬), 계(癸)수로 화(火) 기운을 제어 가능하나 이때는 활인지명의 삶을 사는 명(命)이다. 자신이 힘겹게 세상을 살아가는 명(命)이다.

경(庚)금이 깨끗한 임(壬)수를 만나면 소방관, 의사, 수도 사업 관련 일을 하는 경우가 많으며 계(癸)수를 만나면 청소와 관련된 일을 하게 된다.

묘(卯)월 경(庚)금은 목(木)이 왕(旺)하고 냉습한 계절이니 지지(地支)에 진(辰)토를 사용하며 천간(天干)에 병(丙)화가 있으면 부자이다.

무(戊)토가 없고 병(丙)화만 있으면 외양은 그럴듯하나 내실이 없고 안정이 안 된다. 안착이 불가하고 가정이 없는 선비에 비유한다.

진(辰)월 경(庚)금은 토왕절(土旺節)이니 갑(甲)목을 선용(先用)하고 병(丙)화를 차용(次用)한다. 갑(甲)목이 없이 병(丙)화가 있으면 활력이 없고 생의가 없이 우둔하고 미련하다.

경(庚)금 일주가 병(丙)화를 가지면 틀을 짜 놓은 것, 반제품을 다루는 것, 중간 도매상이나 중개인 역할을 하며 소부(小富)는 이룬다.

[사주명 예 73]

곤(坤)명

丙	庚	庚	辛
子	辰	寅	丑

인(寅)월 경(庚)금으로 어린 금(金)이다. 병(丙)화를 용신(用神)으로 해서 양육하고 더 커야 실물로 자랄 수 있다.

경(庚), 신(辛)금이 형제 친구라 형제 친구가 많고 나누어 먹어야 하는 구조를 지닌다.

공협 묘(卯)목이 진(辰)토를 칠 때 부부 불화가 가능하고 힘들어진다.

[사주명 예 74]

곤(坤)명

丙	庚	己	庚
子	申	卯	辰

병(丙)화 용신(用神), 갑(甲)목이 왔을 때 경(庚)금은 키우는 일간(日干)

이 아니다. 기(己)토가 있어서 토생금(土生金)이라.

갑(甲)목이 와도 목장지패(木長之敗)에 해당한다. 나무에 병(丙)화가 가린다. 용신(用神)에게 도움이 안 된다.

용신(用神)은 물질을 떠나 형이상학적인 가치가 있어야 한다.

기르지 않는 일간(日干)이라 갑(甲)목이 와도 용신(用神)에 도움이 안 된다.

기르는 일간(日干)의 경우는 경(庚)금 또는 기(己)토가 있을 시, 갑(甲) 대운에 배가 고프다.

일반적으로 기르는 일간(日干)인 경우 갑(甲)목이 올 때 길(吉)하다.

[사주명 예 75]

곤(坤)명

壬	庚	戊	甲
午	辰	辰	申

진(辰)월 경(庚)금으로 천간(天干) 갑(甲)목이 길(吉)하다.

진(辰)월이라 목(木)을 용신(用神)으로 하고 지지(地支) 오(午)화도 길(吉)해서 차용(次用)으로 한다.

여명의 경우 토(土)월 토(土)일지의 경우는 일부종사가 힘들 경우가 많다.

2) 여름철 경(庚)금

여름철 경(庚)금은 화왕절(火旺節)이므로 임(壬)수를 사용해서 담금질을 해야 한다. 임(壬)수만 있어도 덕망가요, 목(木)을 생육하기에 수(水)는 교육

자로 소부(小富)는 된다. 이때 기(己)토는 나오지 않아야 한다. 기(己)토가 나오면 탁수(濁水)되어 흉(凶)하다.

지지(地支)에 인오술(寅午戌) 화국(火局)되고 정(丁)화 나오면 경(庚)금이 녹아 버리기 때문에 정신 이상 또는 폐렴에 걸린다.

물을 필요로 하는 계절에 불이 많으니 정신 이상에 화가 치밀어 오른다.

미(未)월생은 갑(甲)목으로 소토하고 임(壬)수로 담금질을 한 다음에 정(丁)화로 제어한다. 초년에 임갑(壬甲)을 위용하고 대서 이후에는 갑(甲)목과 정(丁)화를 쓴다. 계(癸)수가 나오면 우로수(雨露水)이므로 저절로 내리는 비이니 놀고먹는 자다.

사(巳)월 경금(庚金)은 화토(火土)가 견고하니 경금(庚金)이 생의(生意)가 있다.

천간(天干)에 임수(壬水)를 만나면 귀(貴)한 명(命)이요, 갑(甲)목을 추가하면 부귀(富貴)를 겸전하게 된다. 경금(庚金)에 정화(丁火)가 없이 임수(壬水)만 가지고 있어도 부자다.

오(午)월 경금(庚金)은 정화(丁火)가 월지(月支)에 득록(得祿)하고 경금(庚金)의 폐지로 신약하다. 과용해(過鎔解)되면 천(賤)한 명(命)이요, 평생 고난을 겪는다.

임수(壬水)도 없고 신진(申辰)도 없으면 무기(戊己)토라도 사용한다. 무기(戊己)토를 사용하면 의식(衣食)은 있으나 천(賤)한 명(命)을 산다.

오(午월) 임수(壬水)를 용신(用神)으로 할 때는 지지(地支)에 뿌리가 왕(旺)해야 하는데 지지(地支)에서 수원(水源)을 이루어 물을 끊임없이 지원해 주지 못하면 조열국(燥熱局)을 벗어날 수가 없다. 그러므로 지지(地支)에 무근(無根)이면 하루살이로 힘든 삶을 살게 된다.

미(未)월 경금(庚金)은 목(木)이 입묘(入墓)에 있고 토왕절(土旺節)이니 목화(木火)가 실기(失氣)하는 때이다. 화(火)가 약하고 토(土)가 왕(旺)는 때라 경금(庚金)이 견고해지고 있다.

임갑(壬甲)이면 부자요, 갑정(甲丁)이 있으면 부귀(富貴)가 더해지며 권력자에 해당된다. 정화(丁火)가 없어도 임(壬)이 있으면 부(富)는 한다.

지지(地支)에 해묘미(亥卯未) 목국(木局)이고 천간(天干)에 임병(壬丙)이 있으면 큰 부자다.

정갑(丁甲)이 투간(透干)해도 계수(癸水)가 있으면 좋은 집안에 태어났으나 천(賤)한 짓을 하게 된다.

[사주명 예 76]

건(乾)명

丁	庚	丁	癸
亥	子	巳	丑

사(巳)월 경(庚)금으로 양옆의 정(丁)화가 나를 힘들게 한다. 더운 철이라 정(丁)화를 제어하기 위해 계(癸)수를 사용한다.

지지(地支) 해(亥) 중 갑(甲)목도 차용(次用)으로 사용해 운에서 오기를 기다린다.

[사주명 예 77]

건(乾)명

戊	庚	戊	戊
寅	戌	午	申

오(午)월 경(庚)금으로 지지(地支)가 화국이다. 신(申) 중 임(壬)수를 용신(用神)으로 사용하나 본인이 녹아들어가니 신(申)금 그 자체를 써야 한다.

비견용신(用神)으로 남의 도움을 바라는 마음이 있고 의지하려는 성향이 있다.

[사주명 예 78]

곤(坤)명

丁	庚	乙	辛
丑	辰	未	丑

미(未)월 경(庚)금으로 시간(時干) 정(丁)화가 힘들게 한다. 을(乙)목을 사용하고자 하나 신(辛)금에 맞아 쓰지 못한다.

축(丑) 중의 계(癸)수로 정(丁)화를 제어하고 진(辰) 중 을(乙)목을 차용(次用)으로 한다.

3) 가을철 경(庚)금

가을철 경(庚)금은 여물고 단단한 쇠에 해당되어 정(丁)화 갑(甲)목 이용하면 대부 대귀한다. 갑(甲)목만 나오면 폭도가 되고 정(丁)화만 나오면 가난한 선비이다. 갑(甲)목을 치는 사람이요, 정(丁)화는 제련을 하나 정(丁)화의 심지가 없으니 먹을 것이 적다.

갑(甲)목 대신 을(乙)만 나와도 소부(小富)는 된다. 그러나 경(庚)금과는 떨어져 있어야 한다. 순금(純金)으로 이루어져서 생수의 성정을 이루는 자는 대귀(大貴)는 하나 대부(大富)는 못 된다.

갑(甲)목과 정(丁)화가 없고 토금(土金)으로만 이루어지면 남자는 귀(貴)명이요, 여자는 과부 팔자로 불길하다. 화(火)궁이 들어오지 못하기 때문이다.

갑목(甲木)과 병정(丙丁)화가 없고 임수(壬水)만 있으면 금수쌍청(金水双淸)으로 물을 생하는 금(金)이니 부격(富格)이다. 이때 수(水)가 용신(用神)이 되니, 수자금처(水子金妻)가 되는바 금(金)이 무리를 이루었으니 여러 명의 처(妻)요, 부부간 투쟁과 갈등으로 처(妻)궁이 불미하게 된다.

목화(木火)가 없고 임계(壬癸)수도 없이 토금(土金)만 모여 있으면 완둔지상(頑鈍之象)으로 미련하고, 고집 세고, 싸우고, 신체를 자주 상해하는 흉명(凶命)이 된다. 승도지명이며 옛날 같으면 산적 우두머리의 환경을 이룬다.

경금(庚金)이 단련되고 물로 성기(成器) 순화되지 못하면 외로운 명(命)이며 여자는 과부(寡婦)가 많다.

신(申)월 경금(庚金)은 성숙지금(成熟之金)으로 천간(天干)에 갑정(甲丁)을 보면 부귀(富貴)겸전이요, 갑목(甲木)과 병화(丙火)만 있어도 부자이다.

갑목(甲木)이 없으면 을목(乙木)도 차용(次用)이 가하나 시월(時月)간 합(合)이면 격하(格下)된다.

지지(地支)에 신자진(申子辰) 수국(水局)되고 천간(天干)에 임수(壬水)나와도 극(克)하거나 합(合)이 아니면 부자명이다.

무토(戊土)가 임수(壬水)를 극(克)하면 소유했던 부(富)를 한 번에 잃고 마는 비운(悲運)의 명(命)이다. 기(己)토가 임수(壬水)를 탁수(濁水)하면 부끄러운 부(富)요, 망신만 당한다.

천간(天干)에 갑정(甲丁)있어도 지지(地支)에 인신(寅申) 충(沖)하면 근지(根支)가 상한 이유로 가정이 시끄럽고 명예나 부(富)가 허사이다. 구제

책은 오화(午火)나 미토(未土), 진토(辰土)가 있어 금신(金神)과 제휴하거나 억제하면 갑정(甲丁)이 귀(貴)한 환경을 이룬다.

천간(天干)에 갑(甲), 정(丁), 임(壬)이 없으면 지지(地支)의 신(申) 중 임수(壬水)를 차용(次用)으로 하나 이런 경우는 월지(月支) 신(申)이 부모라 부모에 의존하는 것으로, 의처지명(依妻之命)이요, 의존하는 명(命)이다.

유(酉)월 경금(庚金)은 신(申)월과 대체로 유사하나 유(酉)금은 임수(壬水)의 욕(浴)지이니 갑정(甲丁), 갑병(甲丙)이 없을 때는 임수(壬水)를 용(用)하나 신(申)월보다는 격하(格下)되어 상인, 생산업, 요식업 종사가다.

지지(地支)의 묘유(卯酉) 충(沖)은 금목상전(金木相戰)으로 흉(凶)이나 유(酉)금은 신(申)금보다 날카롭다. 오화(午火), 미(未) 중 정(丁)화이면 구제하고 해결사 역할이다.

술(戌)월 경금(庚金)은 토왕절(土旺節)이므로 갑정(甲丁)이 있을 때 갑목(甲木)을 선용(先用)한다. 천간(天干)에 갑정(甲丁)이 있으면 부귀(富貴) 대발(大發)한다.

일지(日支)의 인(寅)목에 인오술(寅午戌) 화국(火局)이면 당대의 부귀(富貴)영화가 떨칠 것이나 처(妻)의 고충이 크다.

인오술(寅午戌) 화국(火局)이 되어 천간(天干)에 목화(木火)가 없을 때 임수(壬水)를 용신(用神)으로 하면 일이 분주하고 활인적덕 하나 여자 명은 개인 영달이 없다.

갑정(甲丁)이 있을 때, 임수(壬水)를 용신(用神)으로 하면 매사에 애로가 많다.

무기(戊己)토이면 둔하고 의식(衣食)은 있으나 나태하고 할 일이 없다. 무기(戊己)토로 금(金)을 매금(埋金)한 이유이다.

곤(坤)명

丙	庚	庚	戊
子	申	申	申

신(申)월 경(庚)금으로 지지(地支)가 왕(旺)하다. 신(申) 중 임(壬)수를 용신(用神)으로 한다.

비견으로 되어 있어 친구 형제들이 도움을 주고 잘되는 명(命)이다.

[사주명 예 80]

곤(坤)명

丙	庚	丁	辛
子	申	酉	卯

유(酉)월 경(庚)금으로 정(丁)화를 사용해서 경쟁자 신(辛)금으로 치고 나간다.

지지(地支)의 묘(卯)목을 차용(次用)으로 해서 운에서 길(吉)하게 쓴다.

[사주명 예 81]

곤(坤)명

辛	庚	戊	辛
巳	申	戌	酉

술(戌)월 경(庚)금으로 경쟁자 신(辛)금은 무(戊)토로 매금하고 술(戌)월

이라 신(申) 중 임(壬)수를 용신(用神)으로 한다.

연지(年支)의 유(酉)금을 술(戌)토가 잡았다.

4) 겨울철 경(庚)금

계절이 차고 냉하니 만물이 얼어붙어 갑(甲), 정(丁), 병(丙), 무(戊) 위용하면 귀(貴) 격이다. 갑정(甲丁)만 나와도 소부(小富)는 된다. 이때 지지(地支) 오술미(午戌未) 중 한 자만 있어도 추위를 이겨낼 수 있어 먹고살기는 한다.

임계(壬癸)수 나오면 사사불성(事事不成이)요 처자(妻子)도 없고 의지할 데도 없는 신세다. 길가에 버려진 돌멩이와 같다.

금수(金水) 왕(旺)이라 하나 병(丙)화나 정(丁)화가 없으면 금생수(金生水) 하지 못한다. 해자축(亥子丑)월에 경금(庚金)은 빙산(氷山), 암석이니 병(丙)화가 나와야 용해(鎔解)되어 물이 흐르니 살 수 있다. 토(土)만 있어도 동한(凍寒)은 면한다.

해자축(亥子丑) 경금(庚金)이 금수(金水)를 만나면 고아요, 과부, 홀아비, 극빈자, 걸인, 방랑자가 된다. 이를 면하기 위해 화(火)나 따뜻한 무토(戊土)가 필수다.

어느 일주(日柱)든지 해자축(亥子丑)월에는 병정(丙丁)화가 제일이다. 병정(丙丁)화가 없으면 모든 일이 성사가 어렵다. 정(丁)화가 최상이며, 정(丁)화가 없이 갑병(甲丙)이 있으면 어린 시절은 고생하지만 봄여름에 부자가 될 수 있다.

해(亥)월 경금(庚金)은 입동(立冬)기로 냉(冷)하나 동빙한설(凍氷寒雪)은 아니다. 천간(天干)에 갑병(甲丙)이 있으면 부(富)요, 갑정(甲丁)이면 귀(貴)한 명(命)이다.

지지(地支)에 진토(辰土)면 대부대귀(大富大貴)한다. 인묘진(寅卯辰) 사오미(巳午未)로 갈 때 목(木)을 배양해서 부(富)를 이룬다.

진토(辰土)가 없으면 미토(未土)만으로는 약하니 자미(子未)토라야만 수목(水木)을 수용할 수 있다. 자미(子未)토도 없으면 축술(丑戌)토도 가(可)하나 이는 부끄러운 환경이다.

술(戌)토 용신(用神)자 옹고집, 이해성이 부족하며 답답하고 울화증이 있다.

축(丑) 글자는 집안에 수치스러운 면이 숨어 있다는 의미가 있다.

해묘미(亥卯未) 목국(木局)에 갑을(甲乙)목 투간(透干)하고 병정(丙丁)화가 없이 토(土)도 없으면 신약지명(身弱之命)으로 재(財)로 인해 파산하고 성격이 광폭하며 자기 자신과 남까지 망치게 된다.

자(子)월 경금(庚金)은 동빙한설(凍氷寒雪)이니 금생수(金生水), 상생(相生) 불능(不能)한다.

무토(戊土)로 제한(制寒), 제수(制水)하고 갑정(甲丁)을 써서 용금(鎔金)하면 중년 후에 대발(大發)하는 귀명(貴命)이다. 인묘진(寅卯辰)까지는 발양이 될 수 없고 사오미(巳午未)에 가서 발양되니 중년 후에 발복한다.

지지(地支)에 오술미(午戌未) 중 한 글자이면 어릴 때부터 부자이며 귀동자로 자란다.

정(丁)화가 있어 자오(子午) 충(沖)이면 가졌던 불이 꺼지니 천간(天干)에 있는 부(富)가 허무하다. 불의의 사고를 당할 수 있고 요사(夭死)하게 된다. 재(財)를 탈취당하고 형무소 가는 일을 경험한다.

축(丑)월 경금(庚金)은 얼음덩어리의 땅이라, 갑정(甲丁)이 부귀(富貴)가 되나 축(丑)은 경금(庚金)의 고장(墓)이니 가정에 부끄러운 일이 있고 행사에 결손이 많다.

갑병(甲丙)이면 부(富)는 하나, 축(丑)월은 병(丙)화가 무력하니 어릴 때 곤고(困苦)하다.

갑(甲)목이 없고 을정(乙丁), 을병(乙丙)이면 부(富)가 부족하다.

사유축(巳酉丑) 금(金)국이면 비록 갑병(甲丙)이 있다 해도 애로가 많다. 이때 지지(地支)에 축술미(丑戌未) 삼형이면 위권(威權)은 있으나 남에게 욕을 먹는다.

축(丑)월은 토왕(土旺)절이라, 임계(壬癸)수가 있어 왕금(旺金)이 활기를 가지면 길(吉)할 듯하나 동빙한설(凍氷寒雪)에 경금(庚金) 생수(生水) 불능하니 곤고(困苦)한 일이 있고 천(賤)한 명(命)이다.

[사주명 예 82]

곤(坤)명

丁	庚	癸	癸
亥	申	亥	酉

해(亥)월 경(庚)금으로 계(癸)수가 흉신(凶神)이다. 시간(時干) 정(丁)화를 사용하고 공협 술(戌) 중 정(丁)화도 길(吉)하다.

용신(用神)이 계(癸)수에 맞아 강하지 못한 구조이며 계(癸)수가 제어되는 운에서 길(吉)하게 작용한다.

곤(坤)명

辛	庚	丙	甲
巳	子	子	寅

자(子)월 경(庚)금으로 겨울철의 병(丙)화는 힘을 쓰지 못한다.

자(子)월은 물이 왕(旺)한 계절이라 토를 선용(先用)해서 인(寅) 중 무(戊)토를 용신(用神)으로 한다.

[사주명 예 84]

곤(坤)명

辛	庚	辛	辛
巳	申	丑	巳

축(丑)월 경(庚)금으로 비견이 왕(旺)하다. 사(巳) 중 병(丙)화를 용신(用神)으로 한다.

5) 경(庚)금 일간(日干)과 용신(用神)론

경(庚)금의 임무는 갑(甲)목으로 심지를 삼고 정(丁)화로 제련하는 것이 의무다. 일반적으로 금(金)을 녹여서 물건을 만드는 경우에는 갑(甲)목과 정(丁)화가 있어야 한다.

아직은 미완성의 금(金)이어서 정(丁)화가 있어야 제련해서 제품을 만들 수 있다. 정(丁)화가 없으면 할 일이 없어 별 볼일 없다.

갑(甲)목이 없으면 을(乙)목도 사용 가능하나 경(庚)금과는 떨어져 있어야 가능하다.

경(庚)금의 두 번째 임무는 임(壬)수를 생해서 물을 내는 것이다. 따라서 물을 내는 금(金)의 역할을 할 때는 가을철일 경우가 많다.

여자 명은 미남형을 좋아하며 남자에게 돈을 대주면서 연애를 한다. 경(庚)금에 기(己)토가 나오면 야산지석으로 쓸모가 없고 일을 해도 공이 없다.

무(戊)토가 나오면 고독하고 가난한 선비이며 아니면 우둔한 사람이다.

병(丙)화를 보면 완전히 제련하지 못하나 반제품의 역할을 하며, 임(壬)수가 있어야 귀(貴)가 있다.

계(癸)수를 보면 부끄러운 일이 일생을 떠나지 않고 게으르고 쓸모가 없다.

[경(庚)금 일간(日干) 종합예제 1]

곤(坤)명

丙	庚	甲	戊
戌	午	子	子

자(子)월 경(庚)금으로 여자 명이다. 자(子)수는 흉신(凶神)이요 천간의 무(戊)토를 용신(用神)으로 하나 갑(甲)목에 맞아 패한 용신(用神)이다.

지지(地支)의 자(子)수가 오(午)화를 극해 한 남자로 해로하지 못하고 토는 천간(天干)의 무(戊)토, 술(戌)토, 기(己)토가 있어 여러 명의 남자를 둔다.

갑(甲)과 병(丙)이 있어 미인이나 천한 직업에 종사하며 자(子), 오(午), 충(沖)은 술(戌) 중에 신(辛)금이 있어 겁재에 해당한다. 오빠에 해당하고 토(土)가 남편이라 어릴 때 남편 노릇을 한다.

오(午), 술(戌), 합(合)으로 화(火)를 탐해 수(水)를 꺼야 하는 이유로 남자를 더욱 갈구하는 명(命)이라.

경신(庚申) 신유(辛酉) 운에는 화(火)가 꺼지는 미약한 환경이라 많은 남자를 갈구한다.

임술(壬戌) 대운 결혼하고 무(戊)토는 산에 해당해서 산에 다니면서 생활한다.

[경(庚)금 일간(日干) 종합예제 2]

건(乾)명

庚	庚	己	丁
辰	子	酉	亥

유(酉)월 경(庚)금으로 정(丁)화 용신(用神)이다. 화자목처(火子木妻)에 해당해서 무신(戊申) 대운에 무(戊)토는 흉(凶)하고 신(申)운에 물이 많아 건강이 나쁘고 고생하였다.

정미(丁未) 대운 정(丁)화가 용신(用神)으로 길(吉)할 듯하나 기(己)토에 설기된 용신(用神)으로 보통이다.

미(未)토는 해미(亥未) 목(木)으로 공협 술(戌)토를 치니 집안 환경이 나빠지고 가정이 파산되는 운에 해당한다. 정작 본인은 괜찮다. 정(丁)화 뿌리에 해당하는 미(未)토라 넘어간다.

병오(丙午) 대운은 정(丁)화를 쓰는데 병(丙)화가 오니 별거 아니고 오(午)운은 좋은데 일시에 자진(子辰) 수국(水局)이 있어 별로다. 공부하면서 지낸다.

갑진(甲辰) 대운은 정(丁)화를 꺼서 흉(凶)하고 진(辰)운이 가장 길(吉)한 운으로 간다. 진(辰)운에 명예 상승하고 길(吉)하다.

1.8 신금(辛金)

원광석에서 가공된 완성품에 해당한다. 보석, 유리, 최고품 등으로 스스로 닦기 위해 물을 필요로 한다.

자신이 최고여서 다른 사람들과 교제에는 문제가 있으나 자기 할 일은 하는 사람이다.

1) 봄철 신(辛)금

신(辛)금은 완성된 금(金)에 해당하는 것으로 보석, 완제품에 해당한다. 완성된 금(金)으로 더 이상의 제련을 원하지 않고 임(壬)수를 사용해서 자신을 닦고 깨끗하게 하는 것을 원한다.

신금(辛金)은 화(火)를 싫어해서 사람 자체가 냉정하다. 자기중심적이며 이기적이고 자만심이 강하다.

만물(萬物)이 해동하는 시기에 태어났으나 부모에게 사랑을 못 받고 주위 사람들에게 환영받지 못하는 계절에 태어났다. 부모 속을 태우고 나온 자에 해당한다.

봄에는 어린 금(金)으로 초목에 비유하면 어린 싹으로 비유한다. 아직은 어린 금(金)이라 병(丙)화로 키워야 하며 연간(年干)이나 지지(地支)에 있어야 길(吉)하다. 무(戊)토를 사용할 때는 갑(甲)목이 있어 소토해야 사용 가능하다. 무(戊)토가 없으면 기(己)토라도 사용한다.

임(壬)수를 사용해서 씻을 때에는 기(己)토가 나오면 탁수(濁水)되어 흉(凶)하고 지지(地支) 금신(金神)이 있으면 오(午), 술(戌), 미(未)로 제어해야 한다.

목(木)이 나오면 어린 싹에 찬 서리를 내린 꼴로 해당하는 육친을 망친 자에 해당하고 부모 속을 썩인다.

기(己)토와 병(丙)화, 임(壬)수가 나와서 적절하게 균형을 갖추어 떨어져 있으면 기(己)토로 보신하고 병(丙)화로 키워서 임(壬)수로 씻는 형상으로 대부대귀(大富大貴) 한다.

임(壬)수만 나오면 귀(貴)명이요, 기(己)토가 나오면 먹고는 산다. 춘절의 신(辛)금은 용신(用神)을 여러 개 사용하니 자식과 남자가 많다.

묘(卯)월 신(辛)금은 어머니를 때린 것으로 묘(卯)는 신(辛)금의 절지에 해당하는 이유다.

진(辰)월생은 갑(甲)목과 임(壬)수가 나와 있으면 만물(萬物)을 거저 얻은 격으로 길(吉)하다.

[사주명 예 85]

건(乾)명

戊	辛	庚	丙
子	亥	寅	午

인(寅)월 신(辛)금으로 월간(月干) 경(庚)금도 흉(凶)하다.

병(丙)화로 용신(用神)을 잡고 경(庚)금을 제어하고자 하나 완전 제어는 불가하다.

[사주명 예 86]

己	辛	辛	辛
亥	酉	卯	未

묘(卯)월 신(辛)금으로 형제 친구가 많다.

기(己)토를 용신(用神)으로 하고 일지 유(酉)금이 신(辛)금의 뿌리로 길(吉)하다.

[사주명 예 87]

庚	辛	庚	庚
寅	卯	辰	辰

진(辰)월 신(辛)금으로 경(庚)금이 흉(凶)하다.

진(辰)월이라 인(寅)목을 용신(用神)으로 하나 갑신(甲申)대운 중 경신(庚申)년에 흉(凶)하게 작용해서 망했다.

인(寅)목이 내 돈이라 내 돈이 빼앗긴 것이다.

2) 여름철 신(辛)금

여름철 신(辛)금은 오로지 물을 사용한다. 오로지 임(壬)수로서 화(火)를 제어해야 하는 계절이다. 이때 기(己)토가 나오면 부자는 되나 탁수(濁水)되어 천한 격이다. 천한 직업으로 돈을 번다.

임(壬)수가 기(己)토가 나오면 부끄럽고 체면 없는 짓을 많이 한다. 여자 명은 천한 직업, 술집 작부 등의 일을 한다.

임(壬)수를 용신(用神)으로 할 때 지지(地支)에 신(申), 자(子), 진(辰) 수국(水局)을 이루어 임(壬)수의 근지(根支)가 되면 귀(貴)한 명(命)이다.

여름철에도 임(壬)수가 없으면 기(己)토를 사용하는데 무(戊)토나 계(癸)수는 안 쓴다.

계(癸)수가 나오면 때만 기다리고 놀고먹는 사람이며 가는 곳마다 욕을 먹고 체면 없는 짓을 많이 한다.

임오(壬午)월 출신자는 끓는 물에 씻는 격이니 머리 이상자이나 운이 겨울로 가면 온수로 더운 물을 사용하니 괜찮다.

지지(地支)에 화(火)가 많은 자는 단명(短命)하며 정신질환을 겪는다.

미(未)월생이 임(壬)수가 나오고 을(乙)목이 있으면 미인이다.

신금(辛金)은 목화(木火)나 무토(戊土)를 절대 기피하니 여름철의 신금(辛金)은 토(土)가 분출하면 목화(木火)도 없는 것이 길(吉)하다.

무기(戊己)토가 나오면 갑(甲), 을(乙)목으로 제하고 화기(火氣)가 있으면 물로 제해야 한다.

임수(壬水)를 사용 할 때 경신(庚辛)금이 있다면 유력자가 될 것이다.

임수(壬水)가 경신(庚辛) 금(金)이 모두 없다면 의지처가 없는 외로운 명

(命)이요, 질병으로 요절지명(夭折之命)이다.

사오미(巳午未)월에는 금수(金水)가 있어야 한다.

[사주명 예 88]

건(乾)명

丁	辛	丁	戊
酉	丑	巳	戌

사(巳)월 신(辛)금으로 일간(日干) 양 옆의 정(丁)화가 흉신(凶神)이다.

지지(地支)의 유(酉)금을 용신(用神)으로 하고 축(丑) 중 계(癸)수를 사용한다.

정(丁)화가 계(癸)수로 제어가 가능할 때 살만 하다.

[사주명 예 89]

건(乾)명

戊	辛	庚	己
戌	卯	午	卯

오(午)월 신(辛)금으로 시간(時干)의 무(戊)토는 매금(埋金)되어 사용하지 못하고 연간(年干)의 기(己)토를 사용한다.

지지(地支)에서는 묘(卯)목을 사용한다.

건(乾)명

己	辛	丁	壬
亥	未	未	辰

미(未)월 신(辛)금으로 월간(月干) 정(丁)화가 흉신(凶神)이다.

임(壬)수로 제어하고 정(丁), 임(壬), 합(合)으로 탁수(濁水)는 안 되었다.

3) 가을철 신(辛)금

가을철은 양기(陽氣)가 끊기고 금(金)이 생왕되는 숙살지기(肅殺之氣)의 계절이니 금(金)이 왕기를 띄었다. 이런 이유로 신금(辛金)이 임수(壬水)로 설기(洩氣)하고 세도해서 천간(天干)이나 지지(地支)에 병정(丙丁)화가 있어 물을 온수(溫水)해야 금수(金水)가 생의(生意)를 갖는다. 이때 상반된 용신(用神)을 사용하니 남자 명은 처(妻)가 산란하고 여자 명은 남편과 자식이 이중으로 있음을 암시한다.

냉(冷)한 계절에 병(丙)화를 봐서 월(月)과 시간(時干)에 있으면 병신(丙辛)합되어 신금(辛金)이 임수(壬水)를 만나도 세도할 능력을 상실하는 바가 된다.

계(癸)수를 사용하면 내가 씻고 버린 물로 나무를 기르는 것으로 천(賤)한 짓을 한다.

일반적으로 가을철 신(辛)금은 인물이 좋고 친구 형제가 많다.

임(壬)수를 선용(先用)하면 부귀(富貴)공명하고 병(丙)화나 무(戊)토는 가급적 사용하지 않는다. 정(丁)화가 나오면 성질이 고약하고 정(丁)화에 임(壬)수가 나오면 용신(用神)이 합되어 거짓말을 자주 한다.

[사주명 예 91]

건(乾)명

辛	辛	庚	戊
卯	巳	申	子

신(申)월 신(辛)금으로 월간(月干) 경(庚)금이 흉(凶)이나 갑(甲)목이 오는 운에 갑(甲)목을 쪼아 남의 돈 먹었다.

자(子)수 운이라 용신(用神) 운에 명예가 발전하나 지지(地支)가 차서 돈 복은 없다.

[사주명 예 92]

건(乾)명

癸	辛	癸	己
巳	亥	酉	酉

유(酉)월 신(辛)금으로 계(癸)수를 용신(用神)으로 한다.

연간 기(己)토가 계(癸)수를 치니 흉(凶)하고 임신(壬申)년에 공부 잘하고, 신미(辛未)년에 용신(用神) 고장이라 전공을 못 살리고 다른 분야로 나간다.

건(乾)명

戊	辛	庚	丁
子	卯	戌	卯

술(戌)월 신(辛)금으로 월간(月干) 경(庚)금을 정(丁)화가 눌러 약신(藥神)의 역할을 하는 길(吉)한 명(命)이다.

정(丁)화가 선용(先用)은 되지 못하고 지지(地支)의 술(戌)토를 제어하는 묘(卯)목이 선용(先用)된다.

4) 겨울철 신(辛)금

겨울철에는 추우니 무(戊)토와 병(丙)화를 용신(用神)으로 하는 경우가 많다. 무(戊)토를 선용(先用)으로 할 때는 갑(甲)목이 있고 병(丙)화를 용신(用神)으로 할 때는 신(辛)금과 떨어져 있어야 길(吉)하나 같이 있어도 겨울철이라 무방하다.

임(壬)수를 사용하지만 선용(先用)은 하지 못하며 임(壬)수를 사용하려면 병(丙)화를 같이 사용한다. 해(亥)월 임(壬)수는 욕지이기에 오줌 물과 같아 사용하지 않는다.

지지(地支) 오(午), 술(戌), 미(未)는 상하지 말아야 먹을 것이 있다.

겨울철에 계(癸)수가 나오면 얼어붙은 보석과 같고 남명은 술을 잘 먹고 체면 없는 짓을 많이 한다.

신금(辛金)에 해자축(亥子丑)월은 춥고 휴수(休囚)의 상태로 죽음과 어두움을 벗어나기 위해 양기(陽氣)를 사용한다. 따뜻하고 밝은 것이 양(陽)인 바, 이는 정지에서 벗어난 것이다.

병화(丙火), 무토(戊土), 갑목(甲木), 정화(丁火)가 해자축(亥子丑)월에는 용물(用物)이며 이는 어느 일주(日柱)에서도 해당된다.

해자축(亥子丑)월 신금(辛金)은 설기(洩氣)로 보지 말고 노쇠한 금(金), 강금(强金)으로 봐야 한다.

[사주명 예 94]

건(乾)명

壬	辛	辛	壬
辰	亥	亥	寅

해(亥)월 신(辛)금으로 시지(時支)의 진(辰)토를 용신(用神)으로 한다.

인(寅) 중 병(丙)화를 차용(次用)해서 여름철에 임(壬)수를 사용한다.

[사주명 예 95]

건(乾)명

甲	辛	壬	壬
午	丑	子	子

자(子)월 신(辛)금으로 지지(地支)의 오(午)화를 용신(用神)으로 하고 시간(時干)의 갑(甲)목도 차용(次用)한다.

목화(木火) 용신(用神)으로 목(木)과 화(火)를 써야 하니 오(午)화가 길(吉)해도 갑(甲)목을 극하는 운에서는 될 듯한데 실패한다.

신(辛) 일간(日干) 임(壬)수가 둘이어서 너무 신중한 면이 많아 기회를 놓치는 경우가 많다.

[사주명 예 96]

壬	辛	辛	辛
辰	卯	丑	未

축(丑)월 신(辛)금으로 공협의 인(寅)목을 용신(用神)으로 한다.

인(寅), 오(午), 합(合)되는 운에서 바람피운다. 묘(卯)목도 사용하는 이유이다.

5) 신(辛)금 일간(日干)과 용신(用神)론

신(辛)금 자체는 자신이 최고라 생각해서 남녀 모두 교제에 문제가 많다. 자존심이 강하고 남이 간섭하는 것을 싫어한다.

재리에는 밝으나 자기 할 일은 하며 성격이 예민하다. 화(火)를 싫어하고 사람 자체는 냉정하게 보이는 경우가 많다. 임(壬)수 찬 물을 사용하기 때문이다.

자기중심적이며 자만심이 강하다. 용신(用神)으로 신(辛)금을 사용하는 경우는 더욱 그러하다.

용신(用神)으로는 스스로 빛내기 위해 임(壬)수를 선용(先用)한다. 임(壬)수를 사용할 때에는 기(己)토가 나오면 탁수(濁水)되어 흉(凶)하며, 똥

물에 씻는 격이다.

임(壬)수가 없고 계(癸)수가 나오면 빗물에 씻는 격으로 천하다. 계(癸)수만 나오면 게으르고 치사하고 간사하다.

정(丁)화를 제일 싫어하며 정(丁)화가 나오면 성질이 사납다. 평생 병이 많고 잔병치레한다.

병(丙)화는 멀리 떨어져 있어야 사용 가능하며 임(壬)수와 갑(甲)목이 있으면 부(富)는 하나 귀(貴)는 어렵다.

무(戊)토는 매금(埋金)되어 사용하지 않는다. 해(亥) 자(子)월에 물이 왕(旺)할 때에는 사용 가능하다.

무(戊)토가 나오면 갑(甲)목을 약신(藥神)으로 사용한다. 임(壬)수만 나오면 귀(貴)가 있고 계(癸)수가 나오면 녹이 슨 것으로 흉(凶)하다.

기(己)토가 나오면 보석이 땅에 떨어진 것으로 귀(貴)가 없으나 먹고는 산다.

을(乙)목이 있으면 여자와 관계된 일이 있고 파산하는 경우가 흔하다. 사치를 하며 유흥업에 종사한다.

[신(辛)금 일간(日干) 종합예제 1]

곤(坤)명

辛	辛	己	己
卯	丑	巳	丑

사(巳)월 신(辛)금으로 지지(地支) 묘(卯)목 용신(用神)이다. 여자 명(命)이므로 목부금자(木夫金子)에 해당한다.

월지(月支) 사(巳)화가 흉신(凶神)으로 월간(月干) 연간(年干)의 기(己)토는 신(辛)금을 생해 주니 길(吉)하다.

신미(辛未) 대운에 용신(用神) 합(合)되어 결혼하고, 임신(壬申) 대운 용신(用神)이 암합되어 흉(凶)하다.

계유(癸酉) 대운에 신(辛)금은 물을 써야 하니 계(癸)수가 나와 길(吉)하고, 일간(日干) 뿌리가 지지(地支)로 내려와 용신(用神)을 극해 용신(用神)을 부리니 길(吉)하다.

갑술(甲戌) 대운은 기(己)토를 합(合)하고 술(戌)토 더워서 흉(凶)하다.

임신(壬申) 대운은 탁수(濁水)로 흉(凶)하고 묘신(卯申) 합(合)으로 죽을 고생 한다. 갑(甲) 대운, 갑(甲), 기(己), 합(合)되어 남에게 사기 당한다.

[신(辛)금 일간(日干) 종합예제 2]

건(乾)명

壬	辛	壬	庚
辰	未	午	戌

오(午)월 신(辛)금으로 시간(時干) 임(壬)수가 길(吉)하다. 연간(年干) 경(庚)금은 임(壬)수를 생해 과하게 들어오는 것이 흠이다. 임(壬)수 하나로 족한데 너무 과하면 신중하다가 기회를 놓치는 경향이 있다.

수자금처(水子金妻)로 신(申), 유(酉) 대운에 여자가 들어오는데 본인은 정용신(正用神)자라 정당하고 반듯한 여자가 와야 한다고 생각한다.

을유(乙酉) 대운에 유(酉)가 비견겁재에 해당해서 여자를 거부한다. 지지(地支)가 오(午), 술(戌), 미(未)이고 집안의 원조가 길(吉)해서 환경이 좋았고 일지가 미(未)토라 임(壬) 용신(用神)에게는 흉(凶)한 탁수(濁水)의 글자라 여자는 탁(濁)한 여자이다.

정해(丁亥) 대운에 해미(亥未) 합(合)으로 시지(時支)의 진(辰)토로 나가는데 일지 처(妻)가 밖으로 나가는 것이다.

1.9 임수(壬水)

바위나 경(庚)금에서 흘러나오는 물로서 차고 냉정하다.

자기 마음대로 흐르는 성향이 강하다. 갑(甲)목이 결실하면 자연히 부(富)를 이룬다.

1) 봄철 임(壬)수

봄철 임(壬)수는 외부로부터 환영을 받고 자란다. 전원에 물을 주면 여러 곳에서 좋아하고 환대를 받기에 그렇다. 갑(甲)목과 병(丙)화를 필요로 하며 지지(地支)에서 금신(金神)이 약하게 나와야 한다.

봄철에는 대부분 금신(金神)이 나와서는 안 되는데 임(壬)수는 약간의 금(金)이 나와야 생을 받을 수 있다.

갑(甲)목이 나오면 부자이고, 을(乙)목이 나오면 노후가 빈곤하고 처량하다. 지지(地支)에 신(申), 자(子), 진(辰) 수국(水局)이면 무(戊)토로 안정을 시켜야 길(吉)하고 그 후에 갑(甲)목과 병(丙)화를 사용한다.

을(乙)목이 나오면 남자는 여자들 속에서 사는 환경이 된다. 여자의 경우 남자를 갈구해서 가정이 파할 우려가 있으며 남편 덕(德)이 없는 경우가 흔하다.

춘(春)절의 임수(壬水)는 양수(陽水)가 상승하고 목(木)이 왕(旺)한 계절이니 목(木)을 배양할 덕(德)을 갖추어서 임수(壬水)로서는 적시(適時)에 출생한 것이다.

어려서부터 인기가 있고, 기대가 크며, 이상주의자라 할 수 있다. 그러나 사주 명(命) 구성이 잘못되면 오만방자하다.

춘(春)절의 임수(壬水)는 무갑병(戊甲丙)을 위용(爲用)하니 무갑병(戊甲丙)이 대부대귀(大富大貴)요, 무갑병(戊甲丙) 중에 한 글자라도 있으면 소부(小富)는 될 것이나 갑병(甲丙)이 있어도 신왕(身旺)하고 무(戊)토가 없으면 안정을 찾기 어렵고 오만함으로 중도에 패하게 된다.

지지(地支)에 인오술(寅午戌) 화국(火局)이면 있던 재산을 탕진하고 질병이 곤고하니 요사(夭死)할 것이요, 신자진(申子辰)이 있으면 구제가 되나 가정이 어지러운 것은 불면(不免)이다.

[사주명 예 97]

건(乾)명

壬	壬	壬	壬
寅	辰	寅	寅

인(寅)월 임(壬)수로 천간(天干)의 임(壬)수가 왕(旺)하다.

지지(地支)의 인(寅)목이 길(吉)하고 일지의 진(辰)토는 인(寅)목을 잘 자라게 도와준다. 진(辰)토 용신(用神)으로 길(吉)하게 가는 구조이다.

[사주명 예 98]

庚	壬	乙	戊
子	寅	卯	戌

여자 명(命) 묘(卯)월 임(壬)수로 천간(天干) 무(戊)토가 용신(用神)이다.

을(乙) 경(庚) 합(合)으로 완전하게 패자는 아니다. 인(寅) 중 병(丙)화, 술(戌)토는 차용(次用)으로 사용한다.

[사주명 예 99]

乙	壬	甲	壬
巳	辰	辰	子

진(辰)월 임(壬)수로 갑(甲)목이 용신(用神)이다. 남자 명인 경우 목자수 처(木子水妻)에 해당한다.

연간(年干) 임(壬)수는 흉신(凶神)이며 갑(甲)목 좋은 것을 남이 갖고 을 (乙)목을 내가 갖는 것이다.

연간(年干)의 임(壬)수가 비견이라 비견이 갑(甲)목 용신(用神)을 가졌으 니 유부남을 사귀거나 내가 사귄 남자가 다른 사람에게 가버린다.

2) 여름철 임(壬)수

여름철에는 물이 필요한 시기이므로 어디를 가든지 환대하고 할 일이 많다. 항상 바쁘고 필요로 하는 사람들이 많다.

여름철에는 물을 써야 하니 무(戊)토는 필요하지 않다. 경(庚)금을 사용하며 신(辛)금이 나오면 낙천적이며 사치하고 여자가 잘 따른다.

계(癸)수가 있으면 남의 덕(德)을 보게 된다. 여름철에 남에 해당하는 계(癸)수가 불을 꺼 주니 그렇다.

불이 많으면 아내로 인해 고생하고 건강이 나쁘고 술을 많이 먹는다. 금(金)이 없이 갑(甲)목만 나오면 일을 하지만 공덕이 없고 오히려 남에게 욕을 먹는다.

여름철 임수(壬水)는 무기(戊己)토를 금(禁)하며 정화(丁火)도 피해야 한다.

갑병(甲丙)이 살아 있어도 일주(日柱)가 약하면 목(木)을 생육할 능력을 상실해서 도중에 패하는 경험을 할 것이요, 경신(庚辛)금이 나오면 본인은 편하나 임무 수행이 어려우니 남에게 원망을 살 것이다.

[사주명 예 100]

곤(坤)명

乙	壬	乙	壬
巳	午	巳	寅

사(巳)월 임(壬)수로 시간(時干) 을(乙)목을 용신(用神)으로 하고 연간(年干) 임(壬)수도 사용한다.

나도 좋고 너도 좋은 형태로 친구들과 나누어 가진다.

[사주명 예 101]

丙	壬	戊	癸
午	寅	午	卯

오(午)월 임(壬)수로 월간(月干) 무(戊)토는 흉신(凶神)이다.

계(癸)수를 합(合)하는 흉신(凶神)으로 연지(年支) 묘(卯)목을 용신(用神)으로 한다.

[사주명 예 102]

己	壬	乙	丙
酉	戌	未	辰

미(未)월 임(壬)수로 시간(時干) 기(己)토와 탁수(濁水)되는 것을 을(乙)목으로 제어하였다.

을(乙)목을 용신(用神)으로 하고 진(辰) 중 을(乙), 임(壬)수도 사용한다.

3) 가을철 임(壬)수

가을철은 만물이 성장이 끝나고 여물어서 수확을 하는 시기이다. 할 일이 끝난 시기로 할 일이 없다. 임(壬)수를 안정시키기 위해 무(戊)토를 선용(先用)한다.

무(戊)토가 없으면 임(壬)수는 안정이 안 되어 불안하고 방랑자요, 자기

중심적으로 행동한다. 갑(甲)목과 병(丙)화를 사용하며 갑(甲)목과 병(丙)화가 없으면 놀고먹는 사람이다.

금(金)이 나와 목(木)의 뿌리를 상하게 하면 가을 곡식에 우박서리를 내린 것으로 힘들다. 이때는 정(丁)화로 제어해야 한다. 정(丁)화로 제어하지 못하면 처(妻)자식도 못 거느리는 삶을 살게 된다.

가을철은 자(子)수가 왕(旺)한 계절이라 왕기(旺氣)를 얻어 무갑병(戊甲丙)이 나오면 일을 하지 않는다.

지지(地支)에 무갑병(戊甲丙)이 있으면 소격(小格)이다. 무갑병(戊甲丙) 중 한 글자만 있어도 의식(衣食)은 있다.

목화(木火)의 기(氣)가 성장하다가 양기(陽氣)가 단절된 계절이라 임(壬)수가 역할이 없어졌다. 때를 기다리며 살아가는 사람이다.

한랭(寒冷)한 계절로 진입하니 임수(壬水) 역할이 지중(至重)하지 못하다. 한랭(寒冷)한 계절에 냉(冷)한 몸으로 태어났으니 한기(寒氣)와 습기(濕氣)로 인해 소외된 자식으로 태어났다.

[사주명 예 103]

곤(坤)명

乙	壬	甲	乙
巳	寅	申	未

신(申)월 임(壬)수로 인(寅) 중 병(丙)화를 용신(用神)으로 한다. 미(未) 중 을(乙)목도 사용하며 을유(乙酉) 대운은 흉(凶)하다.

넌지 미(未)토가 신(申)금을 눌러 인(寅)목이 그런대로 산다. 미(未)토가 해미(亥未)가 되어 목(木)으로 변할 때 신(申)금이 인(寅)목을 치니 흉(凶)하다.

[사주명 예 104]

丁	壬	丁	丙
未	午	酉	申

곤명으로 병(丙)화가 용신(用神), 계사(癸巳)대운에 병(丙)화 남편이 더러워졌다. 남편 병화에 계수가 온 까닭이다.

계유(癸酉)년에 이혼 별거하는 운이다.

[사주명 예 105]

壬	壬	壬	癸
寅	午	戌	巳

술(戌)월 임(壬)수로 지지(地支)가 덥다. 화(火)가 많아 속이 부글부글 끓는다.

시간(時干)의 임(壬)수를 용신(用神)으로 하고 계(癸)수도 사용한다.

비견으로 친구들이 좋고 나쁜 친구도 사귄다.

4) 겨울철 임(壬)수

추운 계절에 임(壬)수로 태어났으니 환영을 못 받는다. 구박 덩어리로 태어나 따스한 봄이 오기를 기다리는 명(命)이다. 무능하기 쉽고 대운이 반대로 가면 바쁘고 하는 일은 많은데 가난하다. 자수성가하는 명(命)이다.

갑(甲)목과 병(丙)화를 사용하며 지지(地支)의 오(午), 술(戌), 미(未)가 있으면 길(吉)하고 금신(金神)이 나와도 오(午), 술(戌), 미(未)로 제어가 가능하다.

갑(甲)목과 병(丙)화가 있으면 초년에 고생하고 큰소리 잘치고 일도 못하면서 된다고 뻥을 친다.

정(丁)화가 나와 정임(丁壬) 합(合)을 해도 겨울철에는 따뜻한 물을 써서 인덕이 있다.

지지(地支)는 목(木)의 뿌리가 되는 인묘진(寅卯辰)이 있어야 길(吉)한데 뿌리가 없으면 소용없는 존재로 외로운 구박 덩어리에 불과하다.

무(戊)토가 갑(甲)목만 있고 병(丙)화가 없으면 결실 보기가 어려워 고달픈 인생을 보내게 된다.

겨울철은 수(水)가 왕(旺)해 언제나 무토(戊土)가 나옴은 의식(衣食)이 넉넉해서 좋다.

천간(天干)에 경신(庚辛)금이 나오거나 지지(地支)에 사유축신(巳酉丑申)금이 있으면 그 뿌리가 상해 생목(生木)으로 봄을 만나도 아무 소용이 없고 오히려 일찍 사망할 수가 있다.

[사주명 예 106]

곤(坤)명

癸	壬	辛	壬
卯	子	亥	子

해(亥)월 임(壬)수로 시간(時干) 계(癸)수는 탁수(濁水)로 흉(凶)하다.

묘(卯)목 용신(用神)으로 하고 지지(地支)가 차니 고생하며 지낸다.

[사주명 예 107]

辛	壬	戊	甲
丑	辛	子	辰

자(子)월 임(壬)수로 천간(天干)의 무(戊)토를 선용(先用)하는데 용신(用神)이 돈인가 갑(甲)목이 돈인가? 여자 명(命)으로 용신(用神) 무(戊)토가 돈이다.

무(戊)토 용신(用神)으로 하면 갑(甲)목이 흉신(凶神)이 된다. 갑(甲), 기(己), 합(合)이 되는 돈을 얻으려고 기(己)토가 오는 해에 기토탁임(己土濁壬)으로 더러운 돈을 번다.

[사주명 예 108]

乙	壬	丁	己
巳	辰	丑	未

축(丑)월 임(壬)수로 천간(天干) 정(丁)화가 정임(丁壬) 합(合)으로 선용(先用)할 듯하나 기(己)토를 막고 토(土)의 계절이니 을(乙)목을 선용(先用)한다.

미(未) 중 을(乙), 진(辰) 중 을(乙)로 뿌리도 좋다.

5) 임(壬)수 일간(日干)과 용신(用神)론

임(壬)수는 맑은 물, 먹을 수 있는 물, 깨끗한 물로서 물장사, 해운업, 선박업, 요식업 등에 알맞은 직업을 가진다. 경(庚)금에서 나와 차고 냉정한 면을 지닌다. 하향성으로 흘러가는 성정이라 내 마음대로 하는 면이 있다.

임(壬)수 임무는 갑(甲)목을 심고 병(丙)화로 기르는 역할이다. 갑(甲)목을 보면 위로 타고 올라하는 성향이 있고 냉하기 때문에 병(丙)화를 요구한다.

갑(甲)목을 키우면 부(富)가 자연히 하늘에서 내려오는 면이 있다. 무(戊)토와 병(丙)화, 갑(甲)목이 있으면 신왕해서 부귀(富貴)를 겸비한다.

순수한 물로 쓰이는 경우에 물이 왕(旺)하면 무(戊)토로 제방을 쌓아 관재 수용해야 한다.

무(戊)토를 보면 정지하고 제방을 쌓아 전답에 물을 대는 것이 길(吉)하다. 정(丁)화를 보면 끓어 넘치고 정임(丁壬) 합(合)을 하면 본분을 망각해서 갑(甲)목을 기르지 못한다.

임(壬)수가 정(丁)화를 보면 정임(丁壬) 합(合)으로 음란(淫亂)하다. 기(己)토를 보면 탁수(濁水)되어 흉(凶)하고 힘든 삶을 살게 된다.

갑(甲)목이 나오면 키워야 해서 성실하고 을(乙)목이 나오면 사치스럽고 화려한 면이 있다.

임(壬)수는 무(戊)토가 없으면 제멋대로 흘러가는 성향이 강해서 행방을 모르고 예의가 없다.

경(庚), 신(辛)금이 나와서 물을 생하는 것이 강하면 물이 흘러 넘쳐서 학자는 되나 성공하지 못한다.

[임(壬)수 일간(日干) 종합예제 1]

壬	壬	丙	戊
寅	戌	辰	戌

진(辰)월 임(壬)수로 천간(天干) 병(丙)화는 용신(用神)이 가능하나 무(戊)토에 설기되고 지지(地支) 인(寅)목이 가능하나 인(寅) 술(戌) 합(合)으로 탄다.

진(辰) 술(戌) 충(沖) 나지만 진(辰) 중 을(乙)목을 용신(用神)으로 한다.

진(辰)토는 임(壬)수의 수원(水原)이라 충(沖)이 나도 용신(用神)이 가능하다. 목자수처(木子水妻)에 해당되어 목(木) 자식이 불에 타고 수처(水妻)가 충(沖)나니 처(妻)로 인한 고충이 있다.

정사(丁巳) 대운은 그런대로 괜찮다. 무오(戊午)대운이 길(吉)해서 초년에 집안 운이 좋아 환경이 길(吉)하다.

기미(己未) 대운은 기(己)토 탁수(濁水)로 흉(凶)하고 인(寅)목이 고장이라 자식 고장으로 자식을 잃었다. 힘들게 돌아다니나 길(吉)한 것이 없다.

경신(庚申) 대운은 기르는 일간(日干)이 인(寅)목도 사용하니 가을걷이에 해당해서 길(吉)하다.

신(申)금 대운은 인(寅), 신(申), 충(沖)이 되나 시지(時支)에 있어 임(壬)수가 할 일이 있다고 본다.

월지(月支) 진(辰)토에 임(壬)수가 양(陽) 일주라 인(寅)목을 사용하는 것이 원칙이나 술(戌)에 타고 진(辰)토가 임(壬)수의 근지(根支)로 튼튼해서 깨져도 물이 나오니 진(辰) 중 을(乙)목을 사용한다.

천간(天干) 병(丙)화도 사용하고 임(壬)수도 사용하니 해외에서 성공한다.

[임(壬)수 일간(日干) 종합예제 2]

건(乾)명

甲	壬	庚	丙
辰	子	寅	申

인(寅)월 임(壬)수로 병(丙)화 용신(用神)으로 한다. 지지(地支)의 진(辰) 토도 사용하고 신(申)금은 인(寅)목을 치는 흉신(凶神)이다.

갑(甲)목은 내가 좋아하는 희신(喜神)이나 경(庚)금에 맞아 밖에서 돈을 쓴다.

신묘(辛卯) 대운은 신(辛)금이 흉(凶)하고 묘(卯)목이 길(吉)하다.

임진(壬辰) 대운은 외국에서 길(吉)하고 계사(癸巳) 대운은 병(丙)화에 흉(凶)이라 어렵다.

인(寅)월생으로 물이 필요하지 않은 때에 물이 많으니 성질이 별로이고 임(壬)수가 갑(甲)목과 병(丙)화를 보니 인물이 좋다. 뿌리 인(寅)목이 극을 맞아 실속은 없고 외국으로 가는 것이 길(吉)하다.

화자목처(火子木妻)에 해당되는데 목처(木妻)가 역시 충(沖)나고 인(寅) 목 갑(甲)목이 아내 글자인데 충(沖)이 나고 병(丙)화가 계(癸)수를 보니 다른 사람이 좋아 보여 진(辰)토가 안착지인데 밖에 있으니 바람피워 나간다.

병(丙)화는 경(庚)금을 누르지는 못하고 그 뿌리가 신(申)금으로 강하니 제압되지 못했다. 본심은 착하나 누르지 못해 성질을 부린다.

묘(卯) 대운, 유(酉)운은 공협에 축(丑)이 있어 유축(酉丑) 합(合)으로 치니 흉(凶)하다. 임(壬) 대운은 경(庚)금을 설기하니 괜찮다.

사(巳) 대운은 경(庚)금 흉(凶) 대운으로 가장 괴롭다.

오(午) 대운은 길(吉)하고 인(寅), 오(午)로 신(申)금을 제어한다. 바쁘게 일하고 길(吉)하게 작용하다가 미(未) 대운에 용신(用神)의 뿌리인 인(寅)목을 고장 들어가게 해서 부도나고 파산한다.

1.10 계수(癸水)

하늘로 올라가 내려오는 비로 수증기 안개에 해당하며 십간의 마지막 글자로 죽음, 슬픔, 고독, 자비의 뜻을 가지고 있다.

차고 냉정하며 자존심도 강하고 자신을 위해 최선을 다하는 성정이다.

1) 봄철 계(癸)수

계(癸)수는 하늘로 올라간다는 글자의 의미가 있으며 비, 수증기, 안개, 김, 눈물, 죽음, 고독, 외로움, 슬픔 등의 의미가 있다.

봄철의 계(癸)수는 활기차고 희망에 차 기대가 되는 명(命)이다. 병(丙)화가 갑(甲)목을 용신(用神)으로 하며 지지(地支)에 진(辰)토나 자미(子未)토가 있으면 길(吉)하다.

지지(地支)에 오(午), 술(戌), 미(未)가 나오면 금신(金神)을 제어하는 데 사용한다. 봄철의 계(癸)수는 남녀 모두 인물이 뛰어나고 여자가 잘 따른다.

부지런하고 영리하니 초년에는 잘 사는 환경이나 갑(甲)목이 없으면 할 일을 하지 않는 처량한 존재가 된다.

무(戊), 기(己)토는 자신의 본분을 망각해서 나오지 않음이 길(吉)하고 기(己)토는 갑(甲)목을 합(合)해서 역시 나오지 않아야 자기 할 일을 하는 명(命)이다.

천간(天干)에 갑(甲)목, 을(乙)목이 있는데 병화(丙火)가 없으면 부지런히 일하나 성사(成事)가 없고 병화(丙火)에 갑을(甲乙)목이 없으면 귀(貴)는 있으나 부(富)가 없다. 임무를 맡겨도 일 수행이 어렵다.

갑병(甲丙)이 없는데 경신(庚辛)금이 나오면 금수쌍청(金水双淸)이라 사람됨은 우아하고 그럴 듯한데 일을 싫어하고 자기만 잘났다고 하며 이론만 있고 실행은 없으니, 소외당하고 외롭고 가난한 선비이다.

금생수(金生水)로 깨끗하나 갑을(甲乙)목을 배양하지 않으니 가을에 거둘 것이 없다.

[사주명 예 109]

건(乾)명

丁	癸	壬	丁
巳	丑	寅	未

인(寅)월 계(癸)수로 시간(時干) 정(丁)화가 흉신(凶神)이다.

정(丁)화를 끄기 위해 임(壬)수라도 써야 한다.

나보다 나은 임(壬)수를 사용해서 흉신(凶神)을 물리친다.

건(乾)명

壬	癸	丁	己
戌	巳	卯	亥

묘(卯)월 계(癸)수로 월간(月干) 정(丁)화를 시간(時干)의 임(壬)수로 잡는다.

수(水) 용신(用神)자 계산적이며 정(丁)화를 제거해서 잔꾀가 많다.

지지(地支)의 진(辰)토가 공협으로 길(吉)하다. 진(辰)토는 협상 잘하고 외교적 수단이 있는 재능이 있다.

[사주명 예 111]

건(乾)명

己	癸	甲	丁
未	丑	辰	卯

진(辰)월 계(癸)수로 시간(時干)의 기(己)토가 흉신(凶神)이다. 연간(年干) 정(丁)화, 시지(時支)의 미(未)토, 축(丑)토가 모두 흉신(凶神)이다.

진(辰)월에 갑(甲)목을 용신(用神)으로 한다.

2) 여름철 계(癸)수

여름철에는 만물이 물을 갈구하는 때이다. 물이 필요한 때 물로 태어났으니 어디가든지 환영을 받고 할 일이 많다. 일을 많이 하게 되고 주어진 임무를 잘한다.

여자 명(命)은 남편과 자식으로 인해 고통이 있으며 갑(甲)목을 용신(用神)으로 하는 경우가 많다.

병(丙)화와 갑(甲)목을 사용하면 물이 증발됨을 막기 위해 지지(地支)에 신자진(申子辰) 수원(水源)을 필요로 한다.

임(壬)수도 사용이 가능하나 물장사나 서비스업에 종사하는 경우가 많다. 여름철에 정(丁)화가 나오면 물이 증발해서 단명(短命)하는 경우가 많다.

무(戊)토는 계(癸)수를 합(合)하여 본분을 망각하기 쉽고 남자 명은 주먹질을 하며 불량하게 산다.

시절이 화왕절(火旺節)이니 계수(癸水)의 근원이 되는 금신(金神)이 약해지는 계절에 해당해서 그 근원을 잘 보존해야 목화(木火)를 감당할 것이며 경금(庚金)이나 신금(辛金) 또는 지지(地支)에 사유축신(巳酉丑申)금이 필요하다.

금(金)이 없으면 여름철에 계수(癸水)가 증발한다.

갑병(甲丙)이 있어야 부귀(富貴)하며 능력이 있으나 갑병(甲丙) 없이 금(金)만 있어도 활인적덕하는 명(命)은 된다.

[사주명 예 112]

건(乾)명

辛	癸	乙	壬
酉	丑	巳	寅

사(巳)월 임(壬)수로 진(辰) 사(巳)월에는 목(木)을 선용(先用)한다.

을(乙)목을 용신(用神)으로 하고 인(寅)목을 차용(次用)한다.

[사주명 예 113]

건(乾)명

丁	癸	戊	戊
巳	亥	午	申

오(午)월 계(癸)수로 시간(時干)의 정(丁)화가 흉신(凶神)이고 무(戊)토가 흉신(凶神)이다.

더운 여름철에 물이 필요하니 신(申) 중 임(壬)수를 용신(用神)으로 한다.

[사주명 예 114]

건(乾)명

丁	癸	己	戊
巳	未	未	申

미(未)월 계(癸)수로 시간(時干) 정(丁)화가 흉신(凶神)이나 더운 계절에 반가운 비로 태어났다.

본인은 더워서 술을 마시고 폭음한다. 신(申) 중 임(壬)수를 용신(用神)으로 한다.

3) 가을철 계(癸)수

만물이 자라서 수확하는 시기로 갑(甲)목과 병(丙)화를 사용하며 계(癸)

수는 갑(甲)목과 병(丙)화가 있으면 부자가 될 수 있는 명(命)이다.

갑(甲)목과 병(丙)화가 없으면 할 일이 없어 때만 기다리며 무위도식 하는 자이다. 기(己)토가 나오면 갑(甲)목을 합(合)하니 흉(凶)하고 무(戊)토가 나오면 계(癸)수를 합(合)해서 본분을 망각하고 병(丙)화인 태양을 가리니 나쁘다.

경(庚)금과 신(辛)금이 나오면 정(丁)화로 제어해야 길(吉)하며 지지(地支)의 금신(金神)은 오(午), 술(戌), 미(未)로 제어해야 길(吉)하다.

가을철 계수(癸水)는 목화(木火)가 휴수(休囚)되어 활동이 정지된 계절이다. 냉습(冷濕)하고 계수(癸水)의 임무가 끝나고 세상이 기피하는 때이니 불필요하며 도처에서 기피하는 계절에 출생한 것이다.

생의(生意)를 갖으려면 병화(丙火)가 첫째요, 갑목(甲木)과 을목(乙木)이 있으면 귀(貴)하다. 갑목(甲木)은 귀(貴)요, 을목(乙木)은 화사하나 영화가 짧고 부(富)가 부족하다.

[사주명 예 115]

건(乾)명

壬	癸	丙	辛
戌	卯	申	卯

신(申)월 계(癸)수로 시간(時干)의 임(壬)수는 흉(凶)이다. 술(戌) 중 정(丁)화를 용신(用神)으로 하고 묘(卯)목도 차용(次用)한다.

월간(月干)의 병(丙)화는 필요하나 병(丙), 신(辛), 합(合)으로 서리가 내렸다.

건(乾)명

丁	癸	丁	辛
巳	丑	酉	丑

유(酉)월 계(癸)수로 신(辛)금을 정(丁)화로 제어하는 명(命)이다.

정(丁)화를 용신(用神)으로 사용해서 추운 계절에 불이라도 쬐어야 살만 하다.

[사주명 예 117]

건(乾)명

甲	癸	癸	戊
寅	酉	丑	戌

축(丑)월의 계(癸)수로 시간(時干) 갑(甲)목을 용신(用神)으로 한다.

시지(時支) 인(寅)목도 사용한다. 술(戌) 중 정(丁)화를 차용(次用)해서 사용한다.

4) 겨울철 계(癸)수

추운계절 동(冬)절의 계수(癸水)는 겨울 눈보라에 해당하니 부모 사랑 덜 받았다. 태어날 때부터 부모 환경이 나쁘고 환영하는 사람이 없으니 자수성 가할 명(命)이다.

무토(戊土)와 합(合)이 되면 '나는 겨울비가 아니오.'라고 하기에 사람은 착한 사람이다.

동(冬)절의 계수(癸水)는 눈, 눈보라, 눈비, 숙살의 기(氣)를 갖고 만물을 얼려서 죽이니 그 성정이 냉혹하고 강하고 매서운 존재이다.

천간(天干)에 정화(丁火)가 있으면 정계(丁癸) 충(沖)하니 놀고먹는 자이나, 경신(庚辛)금이 있으면 정화(丁火)가 필요하다.

병화(丙火)가 없으면 정화(丁火)를 용신(用神)으로 하나 애로가 많다.

인목(寅木)이 자수(子水) 옆에 있으면 자수(子水)는 한랭(寒冷)을 입었으니 해동(解冬) 되면 병고, 악창, 종양암 등의 질병이 있다.

봄여름으로 갈 때 정화(丁火)가 문제가 있다.

계(癸)일주가 동빙한설(凍氷寒雪)이면 집도 없고 아내도 없고 의지할 곳이 없다. 동(冬)절에 불이 없으면 의지처가 없고 냉동이 심하면 숙살지기(肅殺之氣로) 살인자가 될 수 있다.

[사주명 예 118]

건(乾)명

癸	癸	丁	庚
亥	酉	亥	寅

해(亥)월 계(癸)수로 시간(時干) 계(癸)수 역시 흉(凶)하다.

정(丁)화로 불을 쬐어 추위를 면하고 지지(地支)의 공협에 술(戌)토가 있어 의지한다.

건(乾)명

丙	癸	壬	丁
辰	丑	子	酉

자(子)월 계(癸)수로 정(丁)화가 임(壬)수를 잡고 지지(地支) 진(辰)토를 용신(用神)으로 한다.

축(丑)토도 자(子)수를 얼리니 길(吉)하지는 못해도 나쁘지는 않다.

[사주명 예 120]

건(乾)명

壬	癸	乙	癸
戌	酉	丑	未

축(丑)월 계(癸)수로 천간(天干)에서는 을(乙)목이 용신(用神)이다. 미(未) 중 을(乙)목도 길(吉)하며 술(戌) 중 정(丁)화도 사용한다.

축(丑) 미(未) 충(沖)에서 미(未)토가 이긴 것이다. 길(吉)하다.

5) 계(癸)수 일간(日干)과 용신(用神)론

계(癸)수는 빗물, 계곡물에 해당해서 흐르는 물이다. 임(壬)수와 달리 기(己)토를 좋아해 전원에 비를 내리는 형상을 상상하면 이해가 쉽다.

계(癸)수의 임무는 병(丙)화를 가지고 갑(甲)목과 을(乙)목을 기르는 역할이 의무다. 따라서 갑(甲)목과 병(丙)화가 나오면 대부 대귀한다고 했다.

이 두 글자 중 한 글자만 있어도 중격(中格)의 명(命)은 된다.

을(乙)목이 나오면 인물이 곱고 예쁘나 노년에는 슬프고 가난하다.

대운이 겨울로 가서 추운 계절이 오면 빗물이 차고 냉정하게 변해 성질이 고약한 면이 있다.

경(庚), 신(辛) 금이 나오면 갑(甲)목 열매가 극을 맞고 서리를 맞으니 곡식이 여물지 못해 성과가 없고 한탄만 한다.

금(金) 기운은 화(火)로 제어해야 길(吉)하게 된다. 기(己)토가 나오면 갑(甲)목을 합(合)하니 소득이 없고 계(癸)수 본인을 극하게 되니 떨어져 있음이 길(吉)하다.

기(己)토와 계(癸)수가 서로 좋아하는 이유는 논밭에 비를 뿌리니 서로 상조하는 이유다.

무(戊)토가 나오면 외롭고 청빈하며 정(丁)화가 있으면 활인지명이나 명(命)이 짧다. 진(辰), 사(巳), 오(午), 미(未)월 계(癸)수는 부자가 되는 사람이 많다.

직업으로는 물장사에 관련한 직업과, 여관업, 부동산, 목욕탕, 장의사 요식업 등에 많고 차고 냉정하며 사람이 영리하고 자존심도 강해 남에게 지기 싫어한다. 자신을 위해서는 수단과 방법을 가리지 않는 면도 있다.

춥고 차가운 계절에 화 기운이 없으면 잔혹하고 냉정하다.

대운에서 차가운 운을 만날 때 죽음, 이별, 슬픈 일을 당하는 경우가 많다.

[계(癸)수 일간(日干) 종합예제 1]

건(乾)명

己	癸	丁	壬
未	巳	未	申

남자 명(命)으로 미(未)월 계(癸)수, 정(丁)화가 흉신(凶神)이다. 신(申) 중 임(壬)수 용신(用神)으로 수자금처(水子金妻)에 해당한다. 사(巳)일지가 처(妻)의 자리라.

미(未)월이 더운 계절에 미(未)토를 쳐내는 축(丑)토가 배필로 길(吉)하다.

임신(壬申)년은 용신(用神)이 왕(旺)한 운이라 새로운 일을 시작하려고 하나 시간(時干)의 기(己)토가 일간(日干)을 치고 임(壬)수가 맞으니 흉(凶) 하다.

갑인(甲寅) 대운은 계(癸)수가 할 일인 갑(甲)목이 왔는데 시간(時干)에서 합(合)하니 흉(凶)하다.

무신(戊申) 대운에 무(戊) 대운은 흉(凶)하나 신(申)금 대운은 길(吉)하다.

기유(己酉) 대운은 기(己)토가 흉(凶)하고 유(酉)금은 사유(巳酉) 합(合) 되어 금생수(金生水)를 해 주니 길(吉)하다.

경술(庚戌) 대운은 경(庚)금은 길(吉)하고 술(戌) 대운은 흉(凶)하다. 술 (戌)토와 미(未)토가 신(申)금을 극하나 신(申) 중의 임(壬)수를 사용해서 힘들지만 버티면서 노력하는 운이다.

신해(辛亥) 대운은 신(辛)금은 길(吉)하고 해(亥)수는 해미(亥未) 합(合) 으로 목(木으)로 변화하는 인자라 목(木)과 사(巳)화의 글자가 싸움이 일어 부부 분란이 있다.

임자(壬子) 대운은 임(壬)수는 용신(用神)이 왔다고 새로운 일을 시작하려고 하나 기(己)토가 탁수(濁水)되어 하는 일마다 구설이 있고 더러운 일을 하니 흉(凶)하게 본다.

자(子)운이 길(吉)해서 부동산으로 돈을 번다. 용신(用神)운이라 금전은 늘어나는데 탁수(濁水) 된 돈이라 즐겁지 않다.

계축(癸丑) 대운은 내 일간(日干)이 기(己)토에 맞고 있는데 다시 오니 다시 맞는다. 건강에 주의해야 한다.

[계(癸)수 일간(日干) 종합예제 2]

건(乾)명

甲	癸	甲	癸
寅	亥	子	未

자(子)월 계(癸)수로 천간(天干)의 갑(甲)목이 지지(地支)에 자미(子未)로 길(吉)하게 심은 사주이다. 자(子)월이라 미(未)토를 선용(先用)하고 토자화처(土子火妻)에 해당한다.

계해(癸亥) 대운은 계(癸)수는 보통이나 해(亥)운은 해미(亥未) 합(合)으로 토(土) 용신(用神)에 목(木)으로 변하니 힘들다. 어려서 힘들게 살았다.

임술(壬戌) 대운, 술(戌)토는 자(子)월에 술(戌)토가 길(吉)해서 가정환경이 나아진다.

본인은 미(未)토가 용신(用神)이라 미(未)토가 술(戌)을 이겨서 힘들지만 견딘다.

신유(辛酉) 대운은 미(未)토가 유(酉)금을 제어하고 흉신(凶神) 유(酉)금이 자(子)월에 빠져서 길(吉)하게 된다. 사업을 시작한다.

경신(庚申) 대운은 흉신(凶神) 신(申)금이 자(子)월에 빠져서 길(吉)하나 미(未)토는 신(申)금을 완전하게 제어하지 못하니 일을 힘들게 하면서도 견딘다. 현상 유지는 하지만 실속은 없다.

기미(己未) 대운은 재산 갑(甲)목이 합(合)되고 갑(甲) 인(寅) 고장이니 일시적으로 힘이 드나 미(未) 대운은 용신(用神) 운이라 발전 확장한다. 오(午) 대운에 크게 길(吉)해서 돈을 번다.

2. 십간(十干) 대운(大運)별 특성

십간(十干)별로 대운(大運)이 올 때를 요약해 정리하면 다음과 같다. 대운(大運)의 의미는 사주팔자에 10년 동안 영향을 미치는 환경이라고 할 수 있다.

2.1 갑(甲)목 대운(大運)이 왔을 때

일반적으로 갑(甲)이 오면 기르는 일간인 경우 키워야 할 재목이 있어서 길하게 작용한다. 갑(甲)목을 용신(用神)으로 하는 경우에는, 10년 동안 갑(甲)이 다시 와서 재물, 직장에서 돈이 들어오는 환경이 된다.

을(乙)목이 용신(用神)이어도 같은 성향이 있으며 을(乙)목 입장에서 나보다 나은 글자가 와서 좋은 환경이 되고, 사람들에게 도움을 받는다.

병(丙)화 용신(用神)인 경우, 키워야 할 재목이 있어서 할 일이 생긴 것이다.

정(丁)화 용신(用神)인 경우, 정(丁)화에 갑(甲)목은 통나무가 온 것이므로 길하다고 못한다. 속이 타고 흉(凶)하다.

무(戊)토 용신(用神)인 경우에는 갑(甲)목이 용신(用神) 무(戊)토를 극하는 것이며 무(戊)토 앞에 경(庚)금이 있으면 극하고 무(戊)토에 심기는 형상이며, 무(戊)토 다음에 경(庚)금이 있으면 먼저 극을 맞고 나중에 해결을 한 것에 해당되어 처음 기회는 놓치고 그 다음에 기회가 있는 것을 의미한다.

용신(用神) 기(己)토 입장에서는 갑(甲), 기(己) 합으로 용신(用神)을 합한 것이요, 기(己)토 입장에서는 재물이 나에게 쓰러진 것이다.

만일 기르는 일간이 갑(甲)목 대운(大運)에 경(庚)금이 있거나 기(己)토가 있으면 경(庚)금에 맞거나 기(己)토에 합되어 갑(甲)목을 빼앗긴 것에 해당되어 배가 고픈 대운(大運)이다.

경(庚)금 용신(用神)자는 경(庚)금이 갑(甲)목을 쳐서 해결하는 것이 되며, 신(辛)금 용신(用神)자는 갑(甲)목이 재물, 돈에 해당하여 남의 돈을 횡령하는 경우가 있다.

임(壬)수 용신(用神)자 갑(甲) 대운(大運)은 물을 빨아 먹어 흉(凶)하게 된다. 수생목(水生木)으로 설기되는 것이다.

2.2 을(乙)목 대운(大運)이 왔을 때

갑(甲)목 용신(用神)자는 나보다 못하지만 을(乙)목이 와서 그런대로 괜찮다.

을(乙)목 용신(用神)자는 나의 또 다른 내가 온 것이므로 길하다.

병(丙)화 용신(用神)자는 을(乙)목을 키우는 환경이 와서 길하며, 정(丁)화 용신(用神)자도 나의 심지, 땔감이 온 것으로 길하다.

무(戊)토 용신(用神)자에게 을(乙)목은 갑(甲)목보다 더 무(戊)토를 극하는 성질이 있다. 흉(凶)하다. 기(己)토 용신(用神)자도 목극토(木克土)로 극(克)을 당하는 성정이라 흉(凶)하다.

경(庚)금 용신(用神)자는 을(乙), 경(庚) 합으로 흉(凶)하고 신(辛)금 용신(用神)자는 무방하다. 신(辛)금 내가 을(乙)목을 쳐서 이겨낸다.

임(壬)수 용신(用神)자는 수생목(水生木)으로 설기되어 좋을 것이 없다. 계(癸)수 용신(用神)자도 역시 흉(凶)하다.

정(丁)일간의 경우 병(丙)화를 가지고 있으면 을(乙)목이 왔을 때 정(丁)화인 나보다는 병(丙)화를 을(乙)목이 더 좋아하니 다른 사람만 혜택을 보고 남 좋은 일만 하게 되는 꼴이다.

2.3 병(丙)화 대운(大運)이 왔을 때

갑(甲)목, 을(乙)목 용신(用神)은 병(丙)화가 오니 잘 자란다. 길하게 작용한다. 정(丁)화 용신(用神)에 병(丙)화가 오면 빛을 보지 못하고 아무런 두각을 나타내지 못한다.

원국에 천간(天干) 신(辛)금이 있어 병(丙) 신(辛)이 합되면 흉(凶)하고 임(壬)수 용신(用神)자, 무(戊), 진(辰)토 용신(用神)자는 길하게 작용하며 임(壬)수는 병(丙)화를 보면 공무원, 무(戊), 진(辰)토 용신(用神)자는 권력을 잡는 환경이다. 화생토(火生土)로 길하게 작용한다.

가을 겨울 정(丁)화는 병(丙)화를 제어할 필요가 없는데 병자(丙子)운은 힘이 없는 병(丙)화를 정(丁)일간이 원국 신(辛)금에 병(丙) 신(辛) 합이 되면 태양이 죽으니 아주 잔인한 정(丁)화 일간이다. 약자(弱者)를 치는 잔인한 사람이다.

병(丙)화 대운(大運)에 정(丁)화 일간은 흉(凶)하나 신(辛)금이 있으면 길하게 작용한다. 신(辛)금으로 병(丙)화를 제어했기 때문이다.

2.4 정(丁)화 대운(大運)이 왔을 때

정(丁)화 대운(大運)에 병(丙)화 용신(用神) 자는 길할 것이 없다. 천간(天干)에 목(木) 용신(用神)자이면서 경(庚)금이 있는 경우 갑(甲), 정(丁), 경(庚)으로 길하다.

흉신(凶神) 신(辛)금이 있는 자는 정(丁)화가 신(辛)금을 제어하니 길하다. 만일 신(辛)금 옆에 을(乙)목이 있으면 을(乙)목은 정(丁)화의 어머니에 해당하는 원조자라 신(辛)금을 치면 그 신(辛)금은 다시 을(乙)목을 더 치니 흉(凶)하다. 크게 신(辛)금을 치지 못한다. 인질극 형상이 된다.

경(庚)금 용신(用神)자는 정(丁)화에 극을 맞으니 크게 흉(凶)하다. 계(癸)수가 원국에 있으면 불을 사용해야 하는 해(亥), 자(子), 축(丑)월에 불을 쓰지 못하니 흉(凶)하다.

병(丙)화 일주(日柱)가 정(丁)화 대운(大運)에는 일간의 비겁 운이라 유부남을 사귈 것 같으나 사귀지 않는다. 병(丙)화보다 못한 정(丁)화라 생각한다. 값어치가 없다고 생각한다.

정(丁)화 대운(大運)이 왔을 때 병(丙)화 일간에 병(丙)화 용신(用神)자 흉(凶)하다. 정(丁)화 용신(用神)에 정(丁)화는 길한데 월간 임(壬)수이면 부친 때문에 속상하고 되는 일이 없다. 부친이 없을 때 친구 형제들이 속을 썩인다.

흉신(凶神) 경(庚)금이 있을 때 정(丁)화 대운(大運)은 길한데 임(壬)수가 연간(年干)에 있으면 약하다. 정(丁)화가 임(壬)수를 뺏어가니 하늘이 원망스럽다.

계(癸)수 일간이라도 시간의 정(丁)화를 끌 수 없다. 밖에 있는 글자를 칠 수 없다.

2.5 무(戊)토 대운(大運)이 왔을 때

무(戊)토 대운(大運)이 오면 원국의 용신(用神)이 갑(甲)인 사람은 무(戊)토를 이겨서 길하다. 대발하는 운이다.

원국의 진(辰)토 용신(用神)자는 진(辰) 중의 무(戊)토가 비행하여 용신(用神) 비행운이다. 이때 원국에 계(癸)수가 있어 무(戊) 계(癸) 합이 되면 흉(凶)하다.

연운이 계(癸)수가 와도 대운(大運)이 무(戊) 대운(大運)이면 무(戊)계(癸) 합되어 흉(凶)하게 작용한다.

원국에서 경(庚)금이 있으면 무(戊)토는 경(庚)금을 생하는 것이지 매금(埋金) 하는 것은 아니다.

시간에 무(戊)토가 있으면서 월간에 임(壬)수가 있을 시 갑(甲)목이 오는 해에는 갑(甲)목을 생하는 임(壬)수가 원국에서 무(戊)토에 잡혀 있다. 갑(甲)목이 와서 무(戊)토를 완전하게 극하지는 못한다.

원국에 토(土) 용신(用神)은 아니면서 계(癸)수가 있으면 그 계(癸)수로 무(戊)토를 제압하니 길하다.

임(壬)수가 있으면서 옆에 경(庚)금이 있을 시 임(壬)수를 완전하게 제압하지 못한다. 무(戊)토를 생하는 경(庚)금이 임(壬)수에 힘이 빠져서 임(壬)수가 강해 무(戊)토가 임(壬)수를 완전하게 제압하지 못하는 구조가 된다.

자(子)월생이면서 병(丙)화 용신(用神)자는 계(癸)수 대운(大運)이면 무(戊)토가 오는 연운에 무(戊) 계(癸) 합으로 흉신(凶神)을 제거한 듯하나 자(子)월에는 정(丁)화 선용(先用)이라도 지지(地支)에 진(辰)토를 용신(用神)으로 사용하는 구조이면 자(子) 진(辰) 합으로 용신(用神)이 합된 것이다. 따라서 시험이나 경쟁은 안 된다.

기(己)토 연운이 오면 계(癸)수를 완전하게 누르니 성공한다. 경(庚)금 시간이면서 을(乙)목 일간에 갑(甲)목월은 무(戊)토 운이 오면 흉신(凶神) 경(庚)금을 더 생하여 흉(凶)하다.

천간(天干) 신(辛)금 용신(用神)자는 무(戊)토가 오면 매금(埋金)되어 흉(凶)하고 신(辛)일간 역시 흉(凶)하다.

2.6 기(己)토 대운(大運)이 왔을 때

원국의 갑(甲)목 용신(用神)자는 합되어 흉(凶)하다. 을(乙)목 용신(用神)자는 기(己)토를 극해서 길하다. 시간의 갑(甲)목 용신(用神)자는 직장을 그만두는 운이다.

기(己)토 일간이 갑(甲)목 용신(用神)자는 기(己)토 대운(大運)이 오면 갑

(甲)목을 나누어야 하니 돈을 꿔 줄 일이 자주 생긴다.

임(壬)수와 계(癸)수가 원국에 있으면 극하여 길하다. 임(壬)수는 관재 구설되어 흉(凶)하고 시간의 임(壬)수 용신(用神)자는 기(己)토 대운(大運) 중 을(乙)년이 오면 기(己)토를 극하여 시험에 합격한다. 단 원국에 경(庚)금이나 신(辛)금이 없어야 한다. 경(庚)금이나 신(辛)금은 을(乙)을 제거하여 기(己)토를 누르지 못한다.

시간의 병(丙)화 용신(用神)자는 기(己)토가 오면 병(丙)화가 땅에 떨어지는 것이라 직장이 흉(凶)하고 말이 많다.

정(丁)화 용신(用神)자는 기(己)토가 오면 힘이 빠져서 흉(凶)하나 원국에 을(乙)목이 있으면 목생화(木生火)로 힘이 빠지는 것이 해결되어 길하다.

2.7 경(庚)금 대운(大運)이 왔을 때

임(壬)수 용신(用神)자 경(庚) 대운(大運)이 오면 임(壬)수를 생하여 길한데 원국에 을(乙)목이 있으면 경(庚)금을 합해서 임(壬)수를 생하지 못한다. 흉(凶)하다.

경(庚)금 대운(大運)이 오면 원국에 정(丁)화가 있고 계(癸)수가 없으면 길하다. 경(庚)금은 제련할 정(丁)화가 있어야 길하며 계(癸)수는 경(庚)금을 녹슬게 하여 흉(凶)하다. 단 이때 계(癸)수 옆에 무(戊)토가 있으면 무난하다.

경(庚)금 대운(大運)이 오면 을(乙)목이 원국에 있어도 흉(凶)하다. 천간(天干)의 신(辛)금 용신(用神)자는 경(庚)금이 와서 신(辛)금을 깨니 흉(凶)

하다. 병(丙)화가 원국에 있으면 경(庚)금을 제어하려고 노력하는 운이다.

원국에서 경(庚)금이 있고 정(丁)화 용신(用神)자는 경(庚)금 대운(大運)이 오면 용신(用神)이 경(庚)금을 다시 제어하여야 하니 남에게 돈을 꿔 줄이 있거나 돈이 나가는 운이다. 용신(用神)이 할 일이 있다고 보지 마라. 원국에서 할 일이 있는데 정(丁)화는 나의 용신(用神)이요, 돈이라 그 용신(用神)이 다시 다른 경(庚)금이 와서 해야 할 일이 있어 나누어 주는 구조이다.

원국에서 기(己)토 용신(用神)이면서 을(乙)목이 있는 자는 을(乙)목이 기(己)토를 제어하니, 극 당하는 구조인데 경(庚)금이 와서 을(乙) 경(庚) 합으로 제어하니 기(己)토가 산다. 길하다. 집문서나 부동산 분야로 길하다.

천간(天干)의 임(壬)수 용신(用神)자 남자는 수자금처(水子金妻)로 경(庚)금 대운(大運)이 오면 처(아내)운이 왕(旺)해 결혼수가 있고 여자가 많다.

계(癸)수가 원국에 있으면 경(庚)금을 녹슬게 하니 욕먹는 구조이다.

무(戊)토 용신(用神)자 병(丙)화 정(丁)화가 원국에 없으면 무(戊)토가 힘이 빠져서 기운이 없다. 손재 운이다. 재물이 나가고 흉(凶)하다.

2.8 신(辛)금 대운(大運)이 왔을 때

신(辛)일간이면서 임(壬)수 용신(用神)자는 내 친구 동료가 왔으니 돈을 나눠 줘야 할 일이 생긴다.

시간의 무(戊)토 용신(用神)자 월간에 병(丙)화가 있고 신(辛) 대운(大運)이 오면 병(丙) 신(辛) 합으로 무(戊)토의 근원인 태양이 없어져 흉(凶)하다. 이때 경(庚)금 연운이 오면 경(庚)금을 병(丙)화가 막지 못해 갑(甲)목 일간은 극 당해 사망하는 수가 있다. 경(庚)금이 있으면 신(辛)금이 극 당해 상한다.

을(乙)목 용신(用神)자가 원국에 경(庚)금과 합해서 신(辛)금이 오면 을(乙)목을 때리지 못해 보통이다. 나의 형님인 경(庚)금이 합해 있어 때리지 못하는 구조이다.

원국에 정(丁)화 신(辛)금이 있으면 관재구설 소송 건이 일어나는데 신(辛)금이 돈이라 돈을 주면 해결이 가능하다.

을(乙)목 용신(用神)자 기(己)토가 있으면 신(辛)금 대운(大運)에는 신(辛)의 원신(元神)인 기(己)토가 을(乙)목에 잡혀 있어 인질극을 벌이는 형상이다. 따라서 신(辛)금이 을(乙)목을 치지 못하는 구조이다.

병(丙)화 일간 신(辛)금 대운(大運)은 병(丙) 신(辛) 합으로 바빠지면서 남에게 시달림을 당한다. 손님은 많아지는 환경이다.

정(丁) 임(壬) 합되고 임(壬) 계(癸)수가 있는 자는 정(丁)화 옆에 무(戊)토, 기(己)토가 있으면 관재수가 없다. 정(丁)화가 합 극 되어 신(辛)금을 극하지 못하고 정(丁)화가 기(己)토에 설기되어 신(辛)금을 극하지 못한다.

병(丙)화 용신(用神)자 신(辛)금에 합되면 대패하고 시간의 병(丙)화 용신(用神)자는 직장에 사표를 내는 운이다. 병(丙) 일간 신(辛)금을 보면 돈에 허덕이며 돈이 나간다.

정(丁)화 없는 을(乙)목 용신(用神)자 건강이 좋지 못하거나 직장 상사에게 미움 당하고 손재 파장이 일어난다.

임(壬), 계(癸)수 용신(用神)자는 신(辛)금이 오면 금생수(金生水)로 길하다. 임(壬)수 용신(用神)자는 신(辛)금 운이 오면 상 받는 운이다. 표창, 칭찬 받을 일이 있다.

신(辛)금, 유(酉)금 용신(用神)자는 결혼이 가능하며 정(丁)화 병(丙)화가 없어야 남자는 자식 경사나 직장의 사업 승진 수가 있다.

시간 기(己)토에 병(丙) 일간 을(乙)목월인 경우 을(乙)목 용신(用神)이면 기(己)토를 을(乙)목이 제어해 신(辛)금이 와도 을(乙)목을 치지 못한다. 신(辛)금의 원신(元神)인 기(己)토를 을(乙)목이 제어한 인질극 형상이다.

병(丙)화 시간 용신(用神)시 신미(辛未)년은 흉(凶)한데 신축(辛丑)월이면 신미(辛未)년을 내 것으로 보고 신축(辛丑)월이 상대방 적인데 신미(辛未)가 신축(辛丑)을 이겨서 신(辛)의 뿌리인 축(丑)이 깨지니 병(丙)화 용신(用神)이 산다. 합이 풀려서 길하게 되는 구조가 된다. 지지(地支) 싸움에서 길하게 결론이 나는 환경이다.

2.9 임(壬)수 대운(大運)이 왔을 때

원국에서 일간 신(辛)금이 있고 경(庚)금을 봤을 때 임(壬)수 운이 오면 경(庚)금이 임(壬)수를 더 좋아해서 나보다도 경(庚)금이 혜택을 보게 되는 것이다. 공천을 받아도 남이 받고 나는 안 된다.

무(戊)토가 있어 임(壬)수 흉신(凶神)을 막는 환경이면 길하다. 경(庚)일간이 무(戊)토가 있고 시간에 경(庚)금이 또 있으면 무(戊)토는 임(壬)수를 막을 수가 없다. 경(庚)금에 설기되어 힘이 빠져서 막을 수가 없다.

신(辛)금 일간이 임(壬)수 대운(大運)이 오면 길한데 옆에 기(己)토가 없어야 한다. 기(己)토가 있으면 관재구설로 흉(凶)하다. 원국에 갑(甲)목과 병(丙)화가 있으며 임(壬)수 운이 오면 길하게 작용한다. 을(乙)목과 병(丙)화도 길한데 갑(甲)목보다는 부족하고 무(戊)토 용신(用神)자는 임(壬)수를 이겨서 역시 길하다.

병(丙)화 용신(用神)자는 임(壬)수 운이 오면 병(丙)화 용신(用神)이 빛나는 운이라 길하게 작용한다. 원국에서 흉신(凶神)인 정(丁)화는 임(壬)수 운이 오면 흉신(凶神)이 제거되니 길하고 기(己)토 흉신(凶神)자는 정신이 나약하고 쇠약해지면서 관재구설에 시달린다.

원국에서 경(庚)금 용신(用神)자는 임(壬)수 운이 오면 설기되어 흉(凶)하고 계(癸)수 용신(用神)자는 물이 불어나는 것이라 길하나 구설, 욕은 먹는다. 계(癸)수에 임(壬)수가 온 까닭이다.

무(戊)토에 맞은 임(壬)수 용신(用神)자는 임(壬)수 운이 오면 맞은 것이 또 맞아 흉(凶)하다. 무(戊)토 운보다는 덜하다.

정(丁) 임(壬) 합된 정(丁)일간은 임(壬)수 운이 오면 다시 합되니 바빠지고 손님이 많이 찾아오나 정작 본인은 피곤하다. 건강이 약해지니 쉬는 것이 길하다.

자(子)수 용신(用神)자는 임(壬)수로 얼굴을 내미는 격으로 임(壬)수 운이 오면 길하게 작용한다. 단 원국에 무(戊)토 기(己)토 정(丁)화가 있으면 얼굴 내밀어 합되거나 맞으니 흉(凶)하다.

원국에 갑(甲)목과 무(戊)토가 있는 자 임(壬)수 운이 오면 대길하다.

2.10 계(癸)수 대운(大運)이 왔을 때

무(戊)토 용신(用神)자 계(癸)수가 와서 합되면 흉(凶)하고 좋지 않는 연애를 한다. 병(丙)화 용신(用神)자 계(癸)수 대운(大運)은 흉(凶)하나 기(己)

토가 있으면 계(癸)수를 제어해서 길하다.

술(戌)토, 유(酉)금이 있는 자는 계(癸)수 운이 오면 길하다.

천간(天干)에 신(辛)금이 있고 을(乙)목을 칠 때 계(癸)수 운이 오면 신(辛)금이 계(癸)수를 생하느라 을(乙)목을 덜 친다.

남자 경(庚)금 용신(用神)자는 금자토처(金子土妻)로 무(戊)토가 와서 계(癸)수와 합하니 아내가 바람이 날 수 있다.

임(壬) 일간 임(壬)수 용신(用神)자는 폐수인 계(癸)수가 오니 흉(凶)하다. 갑(甲)목이 있는 자는 계(癸)수가 오면 길하나 병(丙)화를 쓰는 자는 흉(凶)하다. 명예 손상이 오는 운이다.

기(己)토가 금(金)이나 목(木)이 없이 계(癸)수를 누르고 있는 자 계(癸)수가 오면 관재구설로 욕을 먹는다. 기(己)토가 계(癸)수를 극하여 본인은 실속을 차리나 줄 것이 없으니 욕을 먹는다. 갑(甲)목과 병(丙)화가 있으면 줄 것이 있는 것이다.

연간(年干) 월간(月干)에 병(丙)화 정(丁)화 용신(用神)자는 안방에 비가 내리는 것으로 정(丁)화를 더 극하니 여자는 남편과 이혼수이며 시간의 무(戊)토 있는 자, 직장에 사표를 내거나 자식이 흉(凶)하다.

연간(年干)의 무(戊)토 흉신(凶神) 자는 계(癸)수가 와서 합하니 조상을 원망하거나 하늘을 원망하며 성을 갈거나 종교를 바꾸기 쉽다.

3. 십간(十干) 대운(大運) 통변론

통변(通變)이라 함은 일간을 중심으로 내 일간을 생조(生助)하는 글자가 있는지, 그 생조(生助)하는 글자는 지지에 뿌리를 두고 있는지, 내 일간을 극하는 글자가 있는지, 지지와 천간에 연결되어 나를 지속적으로 생하는지, 극하는지를 운과 함께 읽어내는 것이다. 사주 추명의 핵심으로 사주명리의 정확도는 통변(通變)에 있다고 해도 과언이 아니다.

3.1 사주명리 통변의 기본 요체

사주명리를 통변하는 기본 원리는 다음과 같다.

1) 몇 월에 무슨 일간(日干)인지를 본다

태어난 월에 따라 일간의 특성을 고려한다. 예를 들면 인묘진(寅卯辰)월에 태어난 갑(甲)목은 봄의 나무로 아직 어린 나무에 해당하는 식이다. 그 어린 나무에 필요한 것이 화(火), 토(土)이다. 병(丙)화와 무(戊)토가 긴요하게 쓰인다.

2) 월지(月支)에서 용신(用神)을 본다

월지(月支)제강을 적용한다. 월지(月支)를 이기는 글자는 없을 정도로 월지(月支)가 가장 강하다. 태어난 월에 따라 일간의 특성을 고려한 후 가장 필요한 글자를 찾아서 용신으로 잡는 것이 기본이다.

3) 용신(用神)을 잡은 후에 옆의 글자를 보고 싸움이 이는지를 본다

싸움에서 졌는지 이겼는지를 본다. 패자 용신(用神), 승자 용신(用神)을 가린다. 용신(用神)이 극을 당했으면 패자, 극을 하여 이겼으면 승자라고 표현한다.

4) 흉신(凶神)의 원신(元神)이 있는지 본다

예로 자(子)월, 오(午), 일지(日支), 신(申)년이면 신(申)금은 자(子)수를 응원하는 응원자로 자(子)수 흉신(凶神)을 생(生)하게 해 주는 흉신(凶神)이다. 이를 흉신(凶神)의 원신(元神)이라 한다.

5) 아군 용신(用神)의 원신(元神)이 있는지 본다

즉, 아군인 용신(用神)을 응원하는 글자가 있는지 본다. 예로 인(寅) 오(午)자가 있을 때, 인(寅)과 오(午)화는 서로 응원하는 관계가 된다.

6) 대운(大運)과 싸울 때 협상하는지를 보라

금목(金木) 상전(相戰)할 때 토(土)가 있는지, 오(午)화 용신(用神) 자(子)

수 운에 무(戊)토가 있는지 등의 예이다.

7) 원국에서 싸움이 있었나를 본다

예를 들어 인(寅) 사(巳)글자에 묘(卯)운은 운과 싸우지 않았다. 축(丑)운이 오면 사축(巳丑) 합으로 인(寅)목을 치게 된다.

8) 인질극을 보라

예를 들어 신(申), 인(寅), 진(辰)일 때에 인(寅)목이 신(申)금의 모(母)인 토(土)를 잡아 인질극의 형태가 되어 서로 싸움이 안 되어 팽팽한 균형을 이룬다. 이를 인질극이라 한다. 인질극 상황은 흉(凶)하지 않다. 참고로 무(戊)토는 신(辛)의 모(母)가 아니다.

9) 고공폭격(운에서)을 보라

즉, 용신(用神) 비행인지 낙하인지를 구분한다. 비행이라는 말은 지지(地支) 글자가 천간(天干)으로 운에서 나왔을 때를 말하며, 낙하라는 말은 천간(天干)의 글자가 지지(地支)의 글자로 운에서 올 때를 말한다.

예를 들어 원국에서 천간(天干)에 정(丁)화 용신(用神)시 계(癸)수가 없는데 지지(地支)에 자(子)수가 있고 계(癸)수 대운(大運)이 오면 자(子) 중 계(癸)수가 떠서 용신(用神)에 고공폭격을 한다.

천간(天干) 정(丁)화 용신에 지지(地支) 인(寅), 신(申)의 싸움에서 오(午)

화운에 정(丁)화 글자가 낙하해서 흉(凶)인 신(申)금을 친다.

10) 흉신(凶神)을 치는 글자가 있는가를 보라

흉신(凶神)을 제거하거나 해결하면 길하게 된다. 예를 들어 기(己)토 용신에 을(乙)운은 흉(凶)한데 운에서 경(庚)운이 오면 을(乙)을 해결해서 용신(用神)이 살아 길하다.

3.2 용신(用神)론

용신(用神)은 사주 상에 목(木), 화(火), 토(土), 금(金), 수(水) 오행이 구비되어 있을 때 일주(日柱)를 위주로 해서 일주(日柱)가 의지할 수 있는 곳이 어디인가를 살피면 일주(日柱)가 가장 필요로 하는 의지처가 있게 된다. 이 의지 글자가 용신(用神)이 되는 것이니 용신(用神)이란 성품, 이상, 능력, 건강, 재물 등 모든 것을 나에게 제공해 주는 귀물(貴物)이다.

용신(用神)이 뚜렷하고 뿌리가 튼튼하면 건강하고 매사가 순조로우며 용신(用神)이 상해되거나 파멸될 때는 생활 전반이 장애를 입을 것이고 심하면 인생의 종말이 오기도 한다.

이렇듯 용신(用神)이란 인생의 길흉화복을 측정하는 척도가 되니 용신(用神)을 똑바로 잡는 일이야말로 사주명리를 풀어 가는 열쇠다.

용신(用神)을 생하는 자가 희신(喜神)이니 희 용신(用神)이 소위 재관인설(財官印說)에서 말하는 천을귀인(天乙貴人)과 같은 것이다.

희신(喜神)과 용신(用神)을 극하는 글자를 흉신(凶神), 또는 병신이라고 할 수 있으며 흉신(凶神)이 용신(用神)과 어떤 관계에 있는가를 보는 것이 길흉화복을 예측하는 데 중요하며 흉신(凶神)을 잘 살피는 것이야말로 사주 명리에 요체가 되는 것이다.

흉신(凶神)이 괴멸되면 일주(日柱)인 내가 이롭고 그 해가 유익한 연도일 것이나 흉신(凶神)이 이기면 용신(用神)이 해를 당하는 것이니 그 해는 흉(凶)한 일만 생길 것이다.

무엇이 용신(用神)이냐? 예를 들어서 갑(甲)은 병(丙)화를 취하고 지지(地支)에서 진(辰)토를 취한다. 이와 같이 병(丙)화 진(辰)토가 있으면 문제가 없으나 병(丙)화 진(辰)토가 없는 경우는 어떻게 할 것인가?

일주(日柱)를 중심으로 오행의 비중을 살펴서 어떤 것이 갑(甲) 일주(日柱)에게 이로운가를 찾아내는 것이다.

갑(甲) 일주(日柱)인데 정(丁)화가 나와서 분소될 때에는 임(壬), 계(癸)수가 용신(用神)이 되는데 만약 임(壬), 계(癸)수가 없다면 화기를 설(洩)하는 토(土)가 희신(喜神)이 될 것이요. 기(己)토가 없으면 이와 같은 역할을 하는 비겁이나, 같이 분소되는 갑(甲) 을(乙)목이 용신(用神)이다.

전체 기국을 살펴 월지(月支)에 의해 기국이 설정되는바 하(夏)절에는 수(水)를 취하고 동(冬)절에는 불을 취한다. 월지(月支)는 계절 환경으로, 환경이 조열할 때는 물을 쓰고, 냉할 때는 화(火)를 취하고, 온할 때는 토(土)를 취하고, 건할 때는 수(水)를 취한다. 한서(寒暑) 건습(乾濕)을 잘 살펴서 중화되도록 하는 것이 용신(用神)을 취하는 묘미라 할 수 있다.

용신(用神)이 없는 사주는 없다. 용신(用神) 없는 자 무용지물, 생활에서도 애매모호하다.

용신(用神) 괴멸은 모든 일이 망한다. 용신(用神)이 괴멸되거나 파멸될 때는 생명이 끝난다.

사주에는 제일 용신(用神)과 제이용신(희용신 생조자), 즉 용 희신(喜神)이 있는 것인데 이 양자가 서로 원구를 이룬 경우와 화해를 이룬 경우가 있다. 원구의 경우는 당주가 이로워도 주위사람에게 원성을 듣는 것이다.

화해를 이룬 자는 당주만 이로운 것이 아니라 흉신(凶神)에게도 크게 해롭지 않으니 당주가 기쁘면서 남에게 원성을 사지 않는 것이다.

갑(甲)일이 경(庚) 정(丁)을 볼 때에 상호 이로운 것이요. 갑(甲)일이 경(庚)을 보았을 때 무(戊)토가 있다면 이 경우는 화해가 된다. 반대로 갑(甲)일이 신(辛)금을 보았을 때 정(丁)화를 만나 신(辛)금을 극하면 신(辛)금에게 원구를 살 것이다.

병(丙)화를 만나 병(丙)화 신(辛)금이 합되면 역시 원구를 살 것이니 갑(甲) 병(丙) 신(辛)이 해로운 것이다.

년주(年柱)에 희용신(喜用神) 자는 조상의 음덕이 중한 자요, 월간지(月干支)에 희용신(喜用神) 자는 그 부모 육친의 음덕이 중한 자요, 일간지(日干支)에 용신(用神)자는 그 처(妻), 배우자의 음덕이 중한 자요, 시주(時柱)에 용신(用神)이 있는 자는 말년 영광, 자식이 영광된 자로 본다.

용신(用神)은 천간(天干)에 나온 글자를 선용(先用)하고 천간(天干) 중에도 일주(日柱)에게 가까운 월간 시간에서 선용(先用)하며 천간(天干)에 없을 때는 지지(地支)에서 나온 글자를 선택한다. 나온 글자 중에서도 일지(日支)의 글자가 우선이며, 다음은 시지(時支), 월지(月支)의 순서가 된다.

시지(時支)는 내 마음대로 할 수 있는 것이요, 만약 나온 글자가 없다면 암장된 자를 쓴다. 암장자(暗藏字) 중에서도 일, 시, 월의 순서로 한다.

투간, 투출, 음복자 등급이 있으니 용신(用神)의 등위는 투간 일 순위(상격), 지지(地支)와 용신(用神)은 중격, 지지(地支) 암장자(暗藏字)는 하격이다.

이와 같은 용신(用神)을 구한 후에 대운(大運)을 보는 것이니 대운(大運)이란 시절을 말하는 것으로 월령과 불가분의 관계가 있다.

월령이라 함은 태어난 월을 말함이다. 대운(大運)은 지지(地支)가 중(重)하니 시절을 나타내는 대명사이다. 용신(用神)과 대운(大運)과의 관계를 보아서 길흉화복을 판단한다.

대운(大運)은 사주원국이 이를 10년간 통제 관할하는 중신이라 할 수 있고 명운에 지대한 영향을 준다. 그런 후에 태세를 보아서 길흉을 분별하는 것이니 태세는 또한 사주 원국과 대운(大運)을 함께 통솔하는 군주의 위치라 할 수 있으니 1년간의 길흉화복이 태세와의 관계에서 나타난다.

사주 원국과 대운(大運)이 태세와의 관계에 있어서도 용신(用神)에게 이로운 것이면 기쁜 한 해가 될 것이요 용신(用神)에게 불리하면 흉(凶)한 한 해가 될 것이나 이때도 화해와 원구의 관계로 살피는 일이 중요하다.

육친간의 희기를 알기 위해 연월일시를 보고 태세와 어떠한 관계가 있는 것인지 살피게 된다. 연월이 부모형제요, 택지(宅地)가 되니 연월에 합 충이 있으면 부모형제나 기지에서 변화를 볼 것이요.

일지(日支) 합 충은 배우자와 변화, 자손과 변화, 일주(日柱)의 생극 제화를 봐서 자손 또는 직장에서 변화를 알 것이다. 이는 연월일시의 변화와 용신(用神)과 희기를 살펴서 그 대응관계를 예측하는 것이다.

3.3 용신(用神) 잡는 난강망 기준

계절별로 일간에 따라 용신을 잡는 난강망 명리의 기준을 소개하면 다음과 같다.

1) 갑을(甲乙)목 일간인 경우 용신 기준

인묘(寅卯)월 갑(甲) 을(乙)목은 화(火), 토(土)가 기본이다. 천간에서 우선 화(火)나 토(土)를 찾고 없으면 지지(地支)에서 찾으며 지지(地支)에도 없으면 지장간(地藏干)에서 찾는다. 우선순위는 시간, 월간, 연간, 시지, 일지, 월지, 연지(年支) 순이다.

진(辰)월, 축(丑)월, 갑(甲), 을(乙)목은 목(木), 화(火)가 기본이다. 사(巳), 미(未)월, 갑(甲), 을(乙)목은 수(水), 목(木)이 기본이다. 오(午)월, 갑(甲), 을(乙)목은 금(金), 수(水)가 기본이다. 신(申), 유(酉)월, 갑(甲), 을(乙)목은 목(木), 화(火)를 우선으로 용신으로 한다.

술(戌)월은 목(木), 화(火)를 우선으로 하고 지지(地支)가 더울 때는 수(水)를 사용한다. 해(亥)월은 화(火), 토(土)를 기본으로 사용한다. 자(子)월은 토(土), 화(火)를 사용한다.

2) 병(丙)화 일간인 경우 용신 기준

인묘(寅卯)월 병(丙)화는 토(土)를 용신으로 사용한다. 목(木)이 왕(旺)한 계절의 태양은 토가 있어야 나무를 기를 수가 있다.

진사(辰巳)월의 병화는 목(木)을 용신으로 사용하는 것이 먼저다. 진(辰)월이나 사(巳)월에는 나무를 심는 것이 자연의 이치이다. 나무를 심어 여름을 나고 가을에 열매를 맺는 것이다.

오(午)월의 태양은 수(水)를 먼저 사용하는 것이 우선인데 임(壬)수를 먼저 사용하고 계(癸)수는 사용하지 못한다. 태양은 계(癸)수, 즉 비를 싫어하는 이유다. 물이 필요할 때에 지지(地支)에서나 지장간(地藏干)에서는 계(癸)수를 사용할 수 있다.

미(未)월 술(戌)월의 태양은 나무를 용신으로 한다. 너무 더울 때는 수(水)를 용신으로 사용하기도 한다.

신(申), 유(酉)월의 병(丙)화는 나무를 용신으로 사용한다. 가을철에는 열매를 얻어야 하므로 태양은 나무를 키우는 것이 우선이다. 지지(地支)에서 금(金)이 강할 때에는 화(火)를 용신으로 사용한다.

해(亥), 자(子)월의 병(丙)화는 토(土)를 먼저 사용하고 그다음 화(火)를 용신으로 사용한다.

축(丑)월의 병(丙)화는 나무를 먼저 사용하고 그 다음이 화(火)를 용신으로 사용한다.

3) 정(丁)화 일간인 경우 용신 기준

인묘(寅卯)월 정(丁)화는 경(庚)금을 우선 용신으로 하고 없을 때는 토(土)를 용신으로 하여 자신을 강화하고 보완하여야 한다.

진(辰)월 정(丁)화는 나무를 용신으로 한다. 이처럼 기본적으로 진술축미(辰戌丑未)월의 토(土)가 왕(旺)한 계절에는 나무를 사용하는 것이 우선이다. 토(土)가 왕(旺)한 계절에는 나무를 심는 것이 자연의 이치이다.

사(巳)월의 정화는 나무를 용신으로 하여 정화의 심지로 사용하여 강화하는 것이 우선이다.

목(木)이 없으면 토(土)를 사용하기도 한다. 토(土)를 사용하는 이유는 정화가 약한 계절에 토를 사용하여 자신을 더 보완함이 그 이유다.

오(午)월의 정화는 경(庚)금을 사용하고 없으면 무(戊)토를 사용한다. 무(戊)토를 사용하는 이유는 무(戊)토로 자신을 강화하기 위함이다.

신(申), 유(酉)월의 정화는 목(木)을 용신으로 사용한다.

술(戌)월의 정화는 목(木)을 우선 사용하고 해(亥), 자(子)월에는 토(土)를 먼저 사용하고 그다음이 을(乙)목을 용신으로 사용한다.

축(丑)월의 정(丁)화는 목(木), 화(火)를 용신으로 사용한다.

4) 무(戊)토 일간인 경우 용신 기준

인묘(寅卯)월 무(戊)토는 병(丙)화를 우선 사용한다. 그다음이 토(土)를 용신으로 사용한다.

진사(辰巳)월의 무(戊)토는 목(木)을 우선 사용하고 그다음 너무 조열하면 수(水)를 용신으로 사용한다. 나무가 없을 때 금(金)을 사용하기도 한다. 광산에서 금(金)을 찾는다.

오(午)월에는 수(水)를 용신으로 사용하되 지지(地支)에서 계(癸)수, 자(子)수, 신(申) 중 임(壬)수를 사용하는 것이 기본이다.

미(未)월에는 나무를 사용하고 조열할 때는 수(水)를 용신으로 사용한다.

신(申), 유(酉)월에는 화(火)를 먼저 사용하고 그다음이 목(木)을 용신으로 사용한다.

술(戌)월에는 나무를 사용하며, 텁텁하여 조열할 때는 수(水)를 사용한다.

해(亥)월에는 정(丁)화를 먼저 사용하고 그다음이 오(午)화, 없으면 술(戌)토를 사용한다.

자(子)월에는 무(戊)토를 용신으로 사용하고 미(未)토, 술(戌)토, 정(丁)화, 병(丙)화 순으로 사용한다.

축(丑)월의 무(戊)토 역시 목(木), 화(火)를 용신으로 사용한다.

5) 기(己)토 일간인 경우 용신 기준

인묘(寅卯)월의 기(己)토는 병(丙)화를 우선 사용하고 없으면 토(土)를 사용한다.

진(辰)월의 기(己)토는 나무를 사용하고 없으면 금(金)을 용신으로 사용하여 광산 금을 찾는다.

사(巳)월의 기(己)토는 나무를 사용한다. 너무 조열시 지지(地支)에서 수(水)를 사용하기도 한다.

오(午)월에는 지지(地支)에서 물을 찾는다. 미(未)월에서는 나무를 우선 찾고 너무 조열시 지지(地支)에서 물을 찾아 용신으로 한다.

신(申), 유(酉)월에는 화(火), 토(土)를 사용하되 병(丙)화, 정(丁)화 순으로 사용한다.

술(戌)월에는 나무를 용신으로 하고 해(亥)월에는 정(丁)화, 오(午)화순으로 사용한다.

자(子)월에는 토(土)를 먼저 사용하고 그다음에 화(火)를 사용한다.

축(丑)월에는 나무를 먼저 찾고 그다음 화(火)를 사용한다.

6) 경(庚)금 일간인 경우 용신 기준

인묘(寅卯)월의 경(庚)금은 병(丙)화를 용신으로 사용하고 그다음이 토(土)를 사용한다.

진(辰)월의 경(庚)금은 나무를 먼저 사용하고 그다음 병(丙)화 정(丁)화 순으로 사용한다.

사(巳)월의 경(庚)금은 수(水)를 먼저 찾고 그다음이 나무, 무(戊)토 순으로 사용한다.

오(午)월에는 물을 찾아 사용한다. 미(未)월에서는 나무, 금(金), 수(水) 순으로 사용한다.

신(申) 월에는 물을 먼저 사용하고 그다음에 나무를 사용한다. 유(酉)월에는 물을 사용하고 없으면 화(火)를 사용한다. 신유(申酉)월에 물을 사용할 때는 신(申) 중 임(壬)수를 먼저 사용하는데 바위에서 물을 내는 것이 자연의 이치이다.

술(戌)월에는 나무와 물을 사용한다. 해(亥)월에는 화(火)를 먼저 사용하고 그다음에 토(土)를 사용한다. 자(子)월에는 토(土)를 먼저 사용하고 그다음에 화(火)를 사용한다.

축(丑)월에는 나무를 사용하고 그다음 화(火)를 사용한다.

7) 신(辛)금 일간인 경우 용신 기준

인묘(寅卯)월의 신(辛)금은 병(丙)화를 사용한다. 병(丙)화가 없으면 토 (土)를 사용한다.

진(辰)월의 신(辛)금은 나무를 용신으로 사용한다. 사(巳)월의 신(辛)금 은 나무를 사용하고 없으면 수(水)를 사용한다. 오(午)월에는 물을 찾는다.

미(未)월에서는 나무를 먼저 찾고 그다음 물을 찾는다. 신(申), 유(酉)월 에는 임(壬)수를 먼저 찾는데 신(申) 중 임(壬)수를 먼저하고 그다음 나무를 찾는다. 인(寅) 중 병(丙)화를 용신으로 사용하기도 한다.

술(戌)월에는 나무를 사용하고 그다음 물을 찾는다. 해(亥)월에는 화(火) 를 사용하되 정(丁)화 병(丙)화를 사용하고 그다음 무(戊)토를 사용한다. 자 (子)월에는 무(戊)토를 먼저 사용하고 그다음 화(火)를 사용한다. 축(丑)월 에는 나무를 먼저 사용하고 그다음 화(火)를 사용한다.

8) 임(壬)수 일간인 경우 용신 기준

인묘(寅卯)월의 임(壬)수는 병(丙)화를 사용하고 그다음 토(土)를 사용한 다. 정(丁)화가 있을 때는 임(壬)수 계(癸)수 사용하기도 한다.

진(辰)월의 임(壬)수는 나무를 먼저 사용하고 병화를 사용한다.

사(巳)월의 임(壬)수는 나무를 먼저 사용하고 정(丁)화가 있을 때는 임 (壬)수, 계(癸)수 사용하기도 한다.

오(午)월에는 경(庚)금을 먼저 사용하고 그다음 신(申) 중 임(壬)수, 자 (子) 중 임(壬)수를 사용한다.

미(未)월에서는 나무를 먼저 사용하고 그다음 물을 찾는다. 신(申)월에는 무(戊)토를 먼저 사용하고 그다음 화(火)를 사용한다. 유(酉)월에는 병(丙)화, 정(丁)화, 무(戊)토 순으로 사용한다.

술(戌)월에는 나무를 먼저 찾고 그다음 물을 찾는다. 해(亥)월에는 병(丙)화 먼저 사용하고 그다음 무(戊)토, 지지(地支)에서 오(午)화순으로 사용한다.

자(子)월에는 토(土)를 먼저 사용하고 그다음 화(火)를 사용한다.

축(丑)월에는 나무를 먼저 사용하고 그다음 병(丙)화를 사용한다.

9) 계(癸)수 일간인 경우 용신 기준

인묘(寅卯)월의 계(癸)수는 병(丙)화를 사용하고 지지(地支)에서 토(土)를 사용한다.

진(辰)월의 계(癸)수는 나무를 먼저 찾고 그다음 병(丙)화를 사용한다.

사(巳)월의 계(癸)수는 나무를 먼저 찾고 조열할 때는 지지(地支)에서 화(火)를 사용한다.

오(午)월에는 계(癸)수는 임(壬)수, 신(申)금, 자(子)수 순으로 사용한다.

미(未)월에서는 나무를 사용하고 진(辰)토, 신(申)금, 자(子)수를 사용한다.

신(申), 유(酉)월에는 병(丙)화, 나무, 지지(地支)에서 오(午)화순으로 사용한다.

술(戌)월에는 나무를 사용하고 지지(地支)에서 화(火)를 사용한다.

해(亥)월에는 병(丙)화 먼저 사용하고 그다음 무(戊)토, 지지(地支)에서 오(午)화순으로 사용한다.

자(子)월에는 토(土)를 먼저 사용하고 그다음 화(火)를 사용한다.

축(丑)월에는 나무를 먼저 사용하고 그다음 병(丙)화, 지지(地支)에서 화(火)를 사용한다.

3.4 사주추명을 위한 난강망 규칙

용신(用神)은 인간의 정신이요, 마음이요, 고향이다. 컴퓨터에 비유하면 소프트웨어에 해당한다. 태어난 계절과 일간에 따라 용신이 의미하는 바와 영향이 다르지만 기본적으로 사주추명을 위해 용신 위주의 난강망 명리 규칙을 다음과 같이 요약한다.

- 기르는 일간에는 첫째로 진(辰)토가 있어야 길하다. 진(辰)토가 없을 때는 진(辰)토 대신에 자(子), 미(未), 토(土)가 있어도 길하다. 참고로 기르는 일간은 무(戊), 기(己), 병(丙), 임(壬), 계(癸)이다.
- 임(壬)수 용신(用神)자는 권력, 공무원이 길하다.
- 축(丑)토는 병고와 상심 불휴이다.
- 무(戊), 기(己), 병(丙), 임(壬), 계(癸), 용신(用神)자 배양의 신이다. 양육지덕이 있다.
- 갑(甲), 을(乙)목은 배양을 받는 것이다.
- 정(丁), 경(庚), 신(辛) 일주(日柱)는 목(木)을 태워서 먹는 글자이다.
- 일간 임(壬) 계(癸)수는 월간 병(丙)화를 극하지 못하나 또 다른 시간의 임(壬) 계(癸)수가 병(丙)화를 극한다.
- 임(壬), 계(癸)일, 병(丙)일, 가을 이후 태어나면, 병(丙)화 선용(先用)

하는데, 신(申), 유(酉), 술(戌), 해(亥), 자(子), 축(丑) 운에 놀고먹는 자다. 왜냐하면 병(丙)화가 할 일이 없는 연고이다.

- 가을 경(庚), 신(辛)금, 화(火)가 없으면 수(水)가 선용(先用)이다.
- 가을 경(庚), 신(辛)금이 신(申) 중 임(壬)수 용하고 다른 곳에 인(寅), 묘(卯) 있으면 인(寅), 묘(卯)목은 희신(喜神)이다.
- 시지(時支) 묘(卯)목이면 직장에서 묘(卯), 미(未)년 승진된다.
- 사(巳)월생 원래 목(木)을 찾아야 하는데 목(木)이 없을 때, 자(子)수 용신(用神)은 신(申)금이 흉신(凶神)이니, 오(午)화 약신(藥神) 있어야 길하다. 떨어진 자(子), 오(午)는 충이 안 된다.
- 정(丁), 갑(甲), 경(庚), 인(寅)월 갑(甲)일이 흉신(凶神) 경(庚)금을 시간 정(丁)화로 제거하여 길하다. 인(寅)월 갑(甲)목이라 귀(貴)는 있다. 부자는 못 된다.
- 축(丑) 일지(日支)도 여름 운으로 가야 배우자의 덕(德)을 본다. 여름에 시원하게 축(丑)이 사용이 되는 연유이다.
- 오(午), 술(戌), 미(未), 일지(日支)는 해(亥), 자(子), 축(丑) 운에 배우자 덕(德) 있다. 얻어먹는다. 신(申), 유(酉), 술(戌) 운은 원국 용신(用神)이거나 아니라도 덕(德)이 있다. 추운 계절에 배우자가 따뜻하게 해 준다.
- 갑(甲)일은 오(午), 미(未)월에도 경(庚)금이나 신(辛)금이 월, 시간에 나오면 정(丁)화 선용(先用), 정(丁) 경(庚)은 연필이라도 만들어 소부(小富)는 하나 큰 부자는 못된다.
- 인(寅)월에 갑(甲)목은 병(丙)화 선용(先用)이며, 임(壬), 계(癸) 나오면 무(戊)토, 인(寅) 중 병(丙)화 용신(用神) 순으로 한다.

- 인(寅)월이 오(午) 일지(日支)에 탈 때는 불을 끄기 위해 묘(卯)목 선용 (先用) 가능하다.

- 여자 명 연지(年支) 용신(用神)은 늙은 남자 만나고, 연간(年干) 용신 (用神)은 동갑도 가능하다.

- 갑(甲)일간 묘(卯)월은 병(丙)화, 무(戊)토, 진(辰)토, 인(寅) 중 병(丙) 화, 임(壬) 계(癸)보다는 정(丁)화, 정(丁)화도 없으면 오(午)화 선용 (先用)이 가능하다.

- 갑(甲)일간 진(辰)월은 갑(甲)목, 경(庚)금 투간시 정(丁)화, 병(丙)화도 가하다. 정(丁)화 없으면 진(辰) 중 을(乙)목 용신(用神)순으로 한다.

- 갑(甲)일간 사(巳)월은 갑(甲)목, 을(乙)목, 인(寅)목, 묘(卯)목, 진(辰) 중 을(乙)목 순으로 한다. 정(丁)화 나오면 임(壬) 계(癸)수, 진(辰) 중 임(壬), 계(癸)수가 가능하다.

- 갑(甲)일간 오(午)월은 월간 경(庚)금 있고 시간에 정(丁)화이면 불이 왕(旺)한 계절이라 정(丁)화 선용(先用)이며 귀(貴)도 있다.

- 갑(甲) 일간에 경(庚)금 나와서, 정(丁)화 없으면 임(壬)수라도 써라. 경(庚)금 나와서, 정(丁)화로 제거하는데 정(丁)화 없으면 병(丙)화라 도 용신(用神), 자(子)수 용신(用神)일 때 신(申), 유(酉)금, 진(辰), 축 (丑)월이면 일지(日支) 자(子)수 용신(用神) 가능하다. 단, 연지(年支) 에 유(酉)금이 없어야 한다.

- 여자 갑(甲)목 용신(用神)에 기(己)토 운은 결혼이 실패할 운이다. 만 나도 헤어진다.

- 갑(甲)일간 미(未)월은 갑(甲)목, 인(寅)목 선용(先用)한다.

- 갑(甲)일간 신(申)월은 병(丙)화, 정(丁)화, 갑(甲)목 지지(地支) 오(午)

화 용신이며, 오(午), 술(戌), 미(未) 중 용신(用神)이 없을 때 월간 임
(壬)수도 사용할 때 있다. 나무가 신(申) 중 경(庚)금에 맞는 것을 물을
잔뜩 묻히면 도끼에 맞아도 덜 아프다(맷집이 있다).

- 갑(甲) 일간에 유(酉)월은 병(丙)화 정(丁)화 오(午)화 용신(用神)하고
  목(木) 일간은 화(火)부터 사용하며 없으면 목(木) 용신(用神)으로, 갑
  (甲), 을(乙)목 용신(用神) 순이다.

- 갑(甲)일간 술(戌)월은 갑(甲)목 선용(先用), 임(壬) 계(癸)수 나오고
  무(戊)토 있으면 약신(藥神), 임(壬), 계(癸)수 나와 무(戊)토 시간에
  있으면 약신(藥神)으로 확인지명이다.

  목(木)을 찾다가 없으면 해(亥) 중 갑(甲)목, 이도 없으면 공협 해(亥)
  중 갑(甲)목, 인(寅) 오(午) 술(戌) 미(未) 전부 지지(地支)에 있으면 건
  조해서 임(壬)수를 용신(用神)으로 할 수 있다.

- 갑(甲)일간 해(亥)월은 정(丁)화, 오(午)화, 정(丁), 병(丙)화 다 있어도
  겨울에는 정(丁)화부터 용신(用神)으로 한다.

  자(子)월은 무(戊)토, 미(未), 술(戌)토, 병(丙), 정(丁)화 나와도 미(未)
  토 선용(先用)이 된다. 미(未), 술(戌)토 없을 시 진(辰)토도 용신(用
  神)가능하다. 병(丙), 무(戊)동시에 있으면 무(戊)토 부터 용신(用神)
  한다.

- 갑(甲)일간 축(丑)월은 갑(甲)목 선용(先用), 을(乙)목이 나와도 해(亥)
  년생이면 해(亥), 자(子), 축(丑) 물이 왕(旺)해 인(寅)목이 있어도 정
  (丁)화 선용(先用), 특히 목(木) 일간은 화(火)부터 사용한다.

  기(己)토가 나오면 다른 갑(甲)목 나와도 을(乙)목부터 선용(先用)한
  다. 지지(地支)가 너무 차면 정(丁)화, 오(午)화 선용(先用), 축(丑), 묘

(卯), 사(巳), 신(申), 유(酉), 축(丑) 등으로만 이루어진 것은 축(丑)월이라 불부터 사용한다. 따뜻한 것이 너무 없을 때 오(午)화 선용(先用), 목화(木火) 없어도 진(辰) 중 을(乙)목 선용(先用)한다.

- 을(乙) 일간 인(寅)월은 병(丙)화 진(辰)토, 인(寅)월에는 을(乙)이나 묘(卯)목 있을 때 천간(天干)에 무(戊)토가 나오면 무(戊)토도 선용(先用)이다.

- 을(乙) 일간 묘(卯)월은 무(戊)토보다 기(己)토부터 사용한다. 병(丙)화 선용(先用), 정(丁)화, 기(己)토 용신(用神) 미(未)토, 병(丙) 정(丁)화 없고 기(己)토 사용할 때, 임(壬)수가 있어 기토 탁임(己土濁壬) 우려되면 기(己)토 사용 못한다. 사(巳) 있다면 사(巳) 중 병(丙)화라도 용신(用神)해야 한다. 묘(卯)월은 물, 습기 많은 계절이라 을(乙)목 일은 정(丁)화 선용(先用)할 수 있다.

- 을(乙) 일간 진(辰)월은 갑(甲)목, 경(庚), 신(辛)금 나오면 정(丁)화 선용(先用)한다.

- 을(乙) 일간 사(巳)월은 갑(甲)목 선용(先用)이다. 정(丁)화 있으면 갑(甲), 을(乙)목 있어도 연간(年干) 임(壬)수 용신(用神) 가능하다.

  시간이나 월간에 정(丁)화 나오면 연간(年干) 임(壬)수라도 선용(先用)하며 을(乙)목보다 먼저 다른 오(午)화 더 있고 사(巳)화 옆에 해(亥), 오(午), 인(寅)목 있으면 천간 임(壬)수 용신(用神) 가능하다.

- 을(乙) 일간 오(午)월 지지(地支) 조열에 임(壬)수 나와도 병(丙)화 나오면 병(丙)화 선용(先用)하며, 병(丙)화 없으면 천간(天干) 임(壬)수 선용(先用)한다.

  경(庚) 신(辛)금 있으면 무조건 정(丁)화 선용(先用)한다. 이때 오(午)

월이라도 정(丁)화 용신(用神) 뿌리 오(午)화를 끄면 흉(凶)하다.

- 을(乙) 일간 미(未)월은 대게 목(木) 선용(先用)이나 지지(地支) 신(申), 자(子), 진(辰), 축(丑), 한 글자라도 없으면 임(壬)수 사용한다. 대개 갑(甲)목 선용(先用)이다.

  다른 목(木) 없을 시 신(申)금이 나와도 을(乙)목 일간은 오(午), 미(未) 더 있어도 미(未) 중 을(乙)목 선용(先用)한다. 연간(年干) 기(己)토보다 일지(日支) 미(未)토부터 선용(先用)한다.

  사(巳) 오(午) 미(未) 술(戌)토로만 이루어진 것은 미(未) 중 을(乙)목보다 임(壬)수 선용(先用)한다.

- 을(乙) 일간 신(申)월은 지지(地支)에 오(午), 미(未)가 있어도 병(丙)화, 갑(甲)목이 선용(先用)이다. 병(丙)화 없으면 정(丁)화 선용(先用)하고, 갑(甲)목이 선용(先用) 가능하다. 가을에 갑(甲)목 열매를 취함이다.

- 을(乙) 일간 유(酉)월은 병(丙), 정(丁)화 같이 있으면 병(丙)화, 경(庚), 신(辛)금 있으면 정(丁)화가 약신(藥神), 병(丙), 정(丁)화도 갑(甲), 을(乙)목도 없고 지지(地支)에도 목(木), 화(火) 전혀 없으면 사(巳) 중 병(丙)화 사용한다.

- 7, 8월의 을(乙)일 간에 병(丙)화를 보면 미모이나, 술(戌)월의 을(乙)일 병(丙)화를 보면 예쁘지 않다(을(乙) 병(丙)의 고장 휴수라 그렇다). 용신(用神) 을(乙)목 병(丙)화는 컴퓨터 직업이 많다.

- 을(乙) 일간 술(戌)월은 대개 목(木) 선용(先用)이나 경(庚) 신(辛)금 나오면 병(丙)화, 정(丁)화 선용(先用)이다. 정(丁) 임(壬)합되면 정(丁)화 선용(先用) 못하고 미중 을(乙)목보다 해중 갑(甲)목이 선용(先

用)한다. 술(戌)월에 미(未)토가 더 있으면 자(子)수도 건조하니 차용 (次用)한다.

월지(月支) 술(戌)이 흉신(凶神)이라도 해(亥), 자(子), 축(丑)운에 술 (戌)토가 희신(喜神)이 된다. 모덕(母德)이 있다.

- 을(乙)일간 해(亥)월은 정(丁)화, 무(戊)토이나 정(丁), 무(戊)가 다 나 와도 계(癸)수 나오면 무(戊)토가 정(丁)화보다 선용(先用)한다. 약신 (藥神)을 선용(先用)한다.

- 을(乙)일간 자(子)월은 일단 병(丙)화 나오면 자(子)월이라도 지지(地 支)에 미(未)토보다 병(丙)화 선용(先用)하라. 병(丙), 정(丁)화, 무 (戊), 기(己)토, 지지(地支)에 오(午), 술(戌), 미(未), 진(辰)토 한 자라 도 없으면 갑(甲)목이 선용(先用)이다.

- 여름생에 목(木) 용신으로 사용하는 자, 자(子), 축(丑) 대운(大運) 흉 (凶)하다. 인(寅), 오(午), 술(戌), 미(未) 있는 자 편안하다. 여름 병 (丙)일, 정(丁), 기(己)토 있는 자 경쟁자 누른 것 이다. 여름생 진(辰) 토 있는 자 모두 돈이 있다. 물주머니 있어서 그렇다.

- 갑(甲)목은 병(丙)화를 용하면 진(辰)토나 자(子), 미(未)에 뿌리 내려 야 길하다.

- 갑(甲) 대운(大運)은 사장이나 두목 조직의 핵심 역할을 한다.

- 을(乙) 대운(大運)은 산만하고 지점 확장 이별 등의 사건이 있다.

- 신(辛)금은 모든 걸 시들게 하는 글자, 목(木)을 치고 병(丙)화 합한다.

- 여름 병(丙)화 일간에 임(壬) 계(癸)수 있는 자, 무(戊)토 있으면 비를 피한 사람이다. 고로 위기를 다스리는 자로 특수 임무 완수 가능하다.

- 병(丙)화 일간 인(寅)월에는 토(土)가 나오면 토(土)를 선용(先用)한

다. 경(庚)금이 나왔으면 병(丙)화 용신(用神), 병(丙), 정(丁)화 있어
도 신(辛)금이 나오면 정(丁)화 용신(用神), 임(壬)수가 나오면 무(戊)
토 선용(先用)한다.

임(壬) 계(癸)수 나오면 무(戊)토 선용(先用)하고 지지(地支)에 진(辰)
토 사용한다. 병(丙)일 임(壬) 계(癸)수 나오면 갑(甲)목 없는 한 기
(己)토를 선용(先用)한다.

- 병(丙)화 일간 묘(卯)월에는 천간(天干)에 무(戊)토가 나오
면 무조건 무(戊)토 선용(先用), 신(申), 묘(卯) 등 지지(地支)
가 금(金) 수(水)로만 이루어지면 신(申) 중 임(壬)수 사용하라.
신(申) 중 임(壬)수 용신(用神)은 진(辰), 사(巳), 오(午), 미(未), 신(申)
모두 길하다. 유(酉)는 보통으로 보라. 병(丙)일 임(壬)수 용신(用神)
자 판사, 법관, 공무원 사주로 본다. 신(申) 중 임(壬)수 용신(用神) 자
오(午), 미(未)가 누르면 물이 솟구친다.

- 진(辰)월 병(丙)화 일간은 갑(甲) 을(乙)목 용신(用神)이며 경(庚) 신
(辛) 금이 나올 때에 정(丁)화 용신(用神)이다.

- 병(丙)화 일간 사(巳)월에는 시간, 월간 계(癸)수 있는 자 떨어진 시간
기(己)토도 약신(藥神), 갑(甲)목과 을(乙)목 진(辰) 중 을(乙)목과 신
(申) 중 임(壬)수 용신(用神), 오(午) 술(戌)이 있으면 사(巳)월 옆에 있
어도 해(亥) 중 갑(甲)목이 선용(先用)이 된다. 진(辰)토가 있으면 목
(木)부터 선용(先用)한다. 임(壬)수가 나와도 오(午)화 옆에 연지(年
支) 술(戌)이 있어도 목(木)부터 선용(先用)한다. 인묘사오(寅卯巳午)
로 이루어진 것은 인(寅)이 먼저 타면 묘(卯)목이 용신(用神)이나 그
외는 임(壬)수 선용(先用)이다. 오(午), 미(未) 누르면 임(壬)수 선용

(先用)이다.

- 병(丙)화 일간 오(午)월에는 임(壬)수 용신(用神), 오(午)월에 미(未)나 술(戌)토는 흉신(凶神), 오(午)화를 설기하는 미(未)토 운은 길하다. 일지(日支) 자(子)수 용신할 수 있을 때는 일지(日支) 신(申), 유(酉), 축(丑), 진(辰), 자(子)에 사(巳)시라도 자(子)수 용신(用神) 쓴다. 사(巳)는 금신(金神)이라 금생수(金生水)로 자(子)수를 생(生)할 수 있다.

  유(酉) 대운(大運) 원국서 안 맞았으면 보통이다. 단, 유(酉)금이 연지(年支)에 없어야 자(子)수 용신(用神)이다. 자(子)의 모(母)가 죽으면 나(자수는) 힘이 없다. 오(午)월에 유(酉)금이 극을 당하면 물을 생하지 못하기 때문이다.

- 병(丙)화 일간 미(未)월에는 갑(甲)목, 을(乙)목, 묘(卯)목 인(寅)목이 용신(用神)이다.

- 병(丙)화 일간 신(申)월에는 갑(甲)목이 우선이다. 갑(甲), 정(丁)이 동시에 있을 때 갑(甲)이 선용(先用)이다.

- 병(丙)화 일간 갑(甲), 정(丁) 용신(用神)에 정(丁)화가 꺼지면 축(丑) 대운(大運)에 갑(甲)목도 얼어 흉(凶)하다.

- 병(丙)화 일간 임(壬) 계(癸)수 나올 때는 토왕절(土旺節)이라도 기(己)토를 선용(先用)한다.

- 병(丙)화 일간 술(戌)월에는 갑(甲)목 을(乙)목이 용신(用神)이다.

- 병(丙)화 일간 자(子)월에는 무(戊)토 선용(先用)하고 무(戊)는 갑(甲)목을 기르는 일간이라도 토(土) 쓸 때 갑(甲)목과 인(寅) 용신(用神)을 하지 않는다. 무(戊)토의 뿌리 인(寅)이 술(戌)토에 타면 사용하지 못한다.

- 정(丁)화 일간 인(寅) 묘(卯)월에 무(戊)토 선용(先用)한다. 무(戊)토가 없으면 지지(地支)의 토(土)를 사용한다.
- 정(丁)화 일간 진(辰), 사(巳), 미(未)월에 목(木)을 선용(先用)한다. 정(丁)화는 심지 뿌리가 필요하다.
- 정(丁)화 일간 신(申) 유(酉)월에 목(木)을 선용(先用)한다. 천간(天干)에 임(壬) 계(癸)수, 임(壬)수가 있으면 무(戊)토 기(己)토 순으로 사용한다. 임(壬)수는 기(己)토를 사용하지 않는다.
- 무(戊)토 일간 인(寅) 묘(卯)월에 화토(火土)를 사용한다. 천간(天干)의 병(丙)화, 지지(地支)의 화(火), 토(土) 순으로 사용한다.
- 무(戊)토 일간 진(辰), 사(巳), 미(未), 술(戌)월에 목(木)을 선용(先用)한다. 목(木)이 없으면 금(金)을 사용하여 광산 금으로 사용한다.
- 무(戊)토 일간 신(申) 유(酉)월에 화(火)나 목(木)을 사용한다.
- 무(戊)토 일간 해(亥) 자(子)월에 토(土), 화(火), 목(木) 순으로 사용한다.
- 기(己)토 일간 인(寅), 묘(卯)월에 화토(火土)를 사용한다. 천간(天干)의 병(丙)화, 지지(地支)의 화(火), 없으면 토(土)라도 사용한다.
- 기(己)토 일간 진(辰), 술(戌), 축(丑), 미(未)월에 목(木)을 선용(先用)한다. 을(乙)목은 일간 근처에 있을 때 꺼리나 목(木)이 없으면 사용이 가능하다.
- 기(己)토 일간 신(申), 유(酉)월은 목(木)을 선용(先用)한다. 금(金)이 왕(旺)하면 화(火)를 사용한다.
- 경(庚)금 일간 인(寅), 묘(卯)월에는 화(火)를 사용한다.
- 경(庚)금 일간 진(辰), 술(戌), 축(丑), 미(未)월에 목(木)을 선용(先用)한다. 목(木)이 없으면 수(水)나 화(火)를 사용한다.

- 경(庚)금 일간 화(火)가 없으면 수(水)를 사용한다.

- 신(辛)금 일간 인(寅), 묘(卯)월에 화(火)를 사용하며 없으면 수(水)를 사용한다.

- 신(辛)금은 임(壬)수가 정용신(正用神)이며 일류이다.

- 인(寅), 묘(卯)월 경(庚), 신(辛)금 일주(日柱)는 역행 운에서 이복자식 배다른 자식이 가능하다. 용신을 화(火), 수(水) 쓰는 연고이다.

- 기르지 않는 일간 정(丁), 경(庚), 신(辛)이 목(木) 용신(用神)을 사용할 때는 잔인성, 남을 쳐내는 기질이 있다.

- 신(辛) 일주(日柱) 무(戊), 기(己)토 있을 시 부모 말 안 듣는다. 완성 금(金)이라 생조(生助)가 필요 없다는 식이다.

- 진(辰) 중 을(乙)목 용신(用神)자 토목업이 맞고 진(辰) 중 묘(卯)목 용신(用神) 자는 책 출판이 맞다.

- 미(未)토 용신(用神) 자는 과일 농업 원예, 농촌 일꾼이나 하우스 등을 짓고 시설 투자, 밭떼기 장사하는 격이다. 식품 영양도 맞다.

- 축(丑)토 용신(用神) 자는 철학, 헌집장사, 소갈비 집, 맞대고 힘쓰는 일을 한다.

- 임(壬)수, 용신(用神) 자는 수학을 잘하는데 못한다면, 무(戊) 기(己)토가 있을 때다. 무(戊)토 제어하는 갑(甲), 을(乙)목 있을 시 길하고 잘한다.

- 을(乙)목은 미술, 그림 등 잘하고 분할하는 성향이 있다.

- 수(水)가 없을 시(흉신(凶神) 시에도) 융통성이 없다. 물은 현실이다.

- 인(寅)목 용신(用神)자 연기 배우, 배우처럼 산다.

- 해(亥) 중 임(壬)수는 미(未)토가 고장이나 잘 먹지 않는다. 진(辰) 대운(大運)에는 수용으로 보아야 한다.

- 을(乙)목 용신(用神)은 오(午) 대운(大運)에 꽃을 피워 길하다. 묘(卯) 목 용신(用神)은 오(午) 대운(大運)에 타서 흉(凶)하다.

- 자(子)월은 토(土)를 우선 사용한다. 물이 왕(旺)한 계절에는 토(土)부터 선용(先用)한다.

- 춘(春)절에는 병(丙)화가 있어야 하는데 없으면 말만 있고 실속이 없다. 병(丙)화 없을 시 외부로 돌아다닌다.

- 인(寅), 묘(卯)월에 용신(用神)은 병(丙)화, 진(辰)토, 인(寅) 중 병(丙)화로 화토(火土)를 기준하여 선정한다.

- 진(辰)월에 용신(用神)은 갑(甲)목, 인(寅)목, 병(丙)화, 진(辰) 중 을(乙)목 순으로 목화(木火)를 용신(用神)으로 한다.

- 사(巳)월에는 갑(甲)목, 을(乙)목, 인(寅)목, 자(子)수, 진(辰) 중 임(壬), 계(癸)수 순으로 수목(水木)을 사용한다.

- 오(午)월에는 진(辰) 중 임(壬) 계(癸)수, 신(申) 중 임(壬)수, 자(子)수 순으로 수금(水金)을 사용한다.

- 미(未)월에는 갑(甲)목, 을(乙)목, 자(子)수, 진(辰) 중 임(壬), 계(癸)수로 수목(水木)을 사용한다.

- 신(申) 유(酉)월에는 병(丙)화, 정(丁)화, 오(午)화, 갑(甲)목, 을(乙)목, 인(寅)목, 묘(卯)목으로 목화(木火)를 사용한다.

- 술(戌)월에는 갑(甲)목, 을(乙)목, 인(寅)목, 묘(卯)목으로 목화(木火)를 사용한다.

- 해(亥)월에는 정(丁)화, 병(丙)화, 오(午)화, 술(戌)토, 미(未)토로 화토(火土)를 사용한다.

- 자(子)월에는 무(戊)토, 술(戌)토, 미(未)토, 정(丁)화, 병(丙)화로 토화

(土火)를 사용한다.

- 축(丑)월에는 갑(甲)목, 을(乙)목, 인(寅)목 묘(卯)목, 정(丁)화 오(午)화로 목화(木火)를 사용한다.

- 사(巳)월에도 오(午), 술(戌), 미(未)가 있을 때 수(水) 용신(用神) 가능하다.

4. 천간(天干) 십간(十干)의 글자 간 전투론

일반적으로 천간(天干) 글자 간의 싸움은 운에서 올 때와 원국에서 관계를 의미하는데 모든 사항을 정리하는 것은 역부족이니 일반적으로 주요 사항을 개념으로 정리하니 간명을 하는 데 참고하기 바란다.

4.1 천간(天干) 십간(十干)의 글자 간 전투론 기본 원리

사주(四柱) 원국, 대운(大運), 세운(歲運)과 관계에서 원국과 대운(大運)이 기본으로 중요하고 그것을 기본으로 세운(歲運)에서 이루는 구조를 본다. 대운(大運)과 연운에서 원국과의 관계를 분석한다.

이때 대운(大運)은 신하요, 세운(歲運)은 군왕으로 보고 서민, 민초인 원국이 군왕을 만나러 가는데 우선 대운(大運)인 신하를 거쳐야 하는 형상으로 비유하여 참고를 한다.

대운(大運)을 기본으로 세운을 만나는 것이 순서다. 이때 어느 쪽에서 합되는 것은 우선 합을 한다. 즉, 세운(歲運)인 군왕이 신하를 거치지 않고 원국과 합할 수 있다.

예로 원국:대운(大運):세운(歲運)=을(乙):기(己):경(庚)인 경우 원국 을(乙)목이 대운(大運)인 기(己)토를 극해서 잡으나 세운(歲運)인 경(庚)금이와서 을(乙)과 경(庚)을 합하니 그 세운(歲運)에서는 기(己)토를 극하지 못하는 원리를 적용한다.

원국의 흉신(凶神)이 대운(大運)이나 세운(歲運)에서 극하는 글자가 올 때 그 흉신(凶神)을 제어하므로 길하게 작용한다. 이를 운용신(運用神)이라 한다. 즉, 그 운에서 길하게 작용하는 때이다. 야구로 치면 대타 개념이다. 상대할 글자가 올 때 비록 원국의 흉(凶)한 글자이지만 그때만큼은 사용이 가능하다.

지장간(地藏干) 글자도 운에서 올 때 천간(天干)으로 올 때와 지지(地支)로 올 때 적용하는데 지장간(地藏干) 글자가 운에서 천간(天干)을 극(剋)하거나 합(合)하거나 충(沖) 할 때, 지장간(地藏干) 글자가 천간(天干)으로 나타난 것이다. 이를 비행이라 하고 이때도 역시 길한 것을 극하는지 흉(凶)한 글자를 극하는지에 따라 길흉이 바뀐다.

마찬가지로 지지(地支) 글자와 해당하는 대운(大運) 세운(歲運)의 글자를 상호 비교해 천간(天干) 뿌리를 흔드는지 생하는지에 따라 낙하의 개념이 적용된다. 길흉 판단은 동일하다.

가장 중요한 것은 필요한 글자가 원국에 있느냐이다. 원국에 있고 다시 비행 낙하의 개념이 적용될 때 더 생하는지 흉(凶)하게 하는지 글자 간의 생극제화(生剋制和)를 본다.

지장간(地藏干)이나 지지(地支) 글자가 비행하거나 낙하할 때 해당 육친의 글자와 비교하여 길흉을 판단하는 방법도 동일하다.

일반적으로 지지(地支) 차가운 자는 정(情)이 많다고 보는데 지지(地支)에 불씨를 가지고 있을 때 그렇다. 불씨가 없이 너무 차면 정(情)도 없고 매정하며 냉정하다. 반대로 화가 많아도 열 받아서 죽는 이치와 같다. 한 방향으로 몰려 있으면 반대 형상으로 대입하라.

일반적으로 천간(天干) 글자가 대운(大運)에서 올 때 길한 관계로는 다음과 같다.

갑(甲)목은 병(丙)화 길하고 을(乙)목은 병(丙)화, 무(戊), 기(己)토, 정(丁)화는 경(庚)금, 갑(甲)목, 무(戊)토는 갑(甲)목, 병(丙)화, 기(己)토는 갑(甲), 병(丙)이 길하고 을(乙)목은 극(克)한다. 경(庚)금은 춘(春)절에 병(丙)화, 추(秋)절에 정(丁)화가 길하고 신(辛)금은 오로지 임(壬)수가 길하고 임(壬)수는 병(丙)화, 갑(甲)목이 길하며 계(癸)수는 갑(甲)목이 길하다.

4.2 천간(天干) 십간(十干)의 글자 간 전투 통변 기준 100

다음은 글자 간 통변을 하는 데 도움이 되는 사주(四柱) 지식 룰(Rule)들이다. 일부 지식은 글자 간 관계에 따라 달라질 수가 있으니 참고해서 적용하기 바란다.

- 갑(甲), 병(丙), 무(戊), 정(丁), 임(壬), 자(子), 진(辰) 중의 3글자가 있

으면 무당이나 역술가에 종사하는 경우가 많다.

- 천간(天干)은 천간(天干)끼리 지지(地支)는 지지(地支)끼리 대조하여 간명을 한다.

- 여자 명 토(土) 월, 토(土) 일지(日支)의 경우 일반적으로 일부종사하지 못하는 경우가 많다.

- 남녀 모두 대운(大運)이 역행하는 자는 파란곡절이 많고 순행이면 길하게 작용하는 경우가 많다.

- 어떤 일주(日柱)든 봄에 태어난 사람은 경(庚) 신(辛)금이 나오면 우박 서리를 내린 것으로 집안이 망한 경우가 많다.

- 일주(日柱)와 시간의 합되면 직장이 묶이니 모든 일이 잘 풀리지 않는다.

- 용신(用神)은 돈이요 재산이며 직업 및 모든 것을 대조한다.

- 천간(天干)에 용신(用神)이 있는 자는 매사에 분명하고 복이 많다.

- 지지(地支)가 합된 자는 마음이 착하고 형이나 충이 되었으면 불선, 불량하다.

- 일주(日柱)는 자유로워야 함으로 합을 풀거나 극하거나 충을 하는데 간여하지 않는다.

- 음(陰) 일주(日柱)는 합이 되어도 정상 참작을 해 준다. 노력을 많이 하나 직장 생활하기가 힘들고 관록 먹기가 힘이 드나 선생이나 공무원은 발전은 안 되어도 오래 지속 가능하다.

- 양(陽) 일주(日柱)가 합이 되는 것은 흉(凶)하다. 재패하고 여색을 탐하는 경우가 많다. 이때도 일간의 옆 글자에 따라 달라지니 간명에 주의해야 한다.

- 어떤 일주(日柱)든 경(庚)금, 신(辛)금, 임(壬)수, 계(癸)수가 나오면 항

상 돈 걱정한다. 목(木)의 뿌리가 언제 썩을지 모르고 목(木)이 언제 상할지 모르기 때문이다.

- 임(壬)수나 계(癸)수가 나오면 몸이 아프고 돈 때문에 걱정을 한다. 물이 왕(旺)해 수(水)가 나왔을 때 목(木)의 뿌리가 언제 썩을지 모르기 때문이다.

- 가을 겨울생이 정(丁)화가 나와서 용신(用神)으로 사용할 때 과부 팔자다. 왜냐하면 병(丙)화를 사용하는데 정(丁)화를 쓴 이유다.

- 일반적으로 용금성기(用金成器) 하는 경우는 갑(甲)목과 정(丁)화가 있어야 한다.

- 임(壬)수를 생하여 물을 내는 금(金) 역할을 할 때는 신(申), 유(酉)월 일 확률이 높다. 이때 여자 명은 작고 미남형을 좋아하며 남자에게 돈을 대주면서 연애를 한다. 기(己)토가 나오면 쓸모가 없고 공(功)이 없다. 무(戊)토가 나오면 고독하고 가난한 선비이거나 우둔한 자이다.

- 병(丙)화를 보면 임(壬)수가 있어야 귀(貴)하고 계(癸)수를 보면 일생 부끄러운 일이 많다. 게으르고 쓸모가 없다.

- 임(壬)수와 계(癸)수가 혼합으로 있을 때 눈이 약하다. 임(壬)수나 계(癸)수 용신(用神)인 경우는 눈이 예쁘고 정(丁)화 용신(用神)자는 더 예쁘다.

- 진(辰), 사(巳)월에 갑(甲)목 일간이라도 목(木)을 용신(用神)으로 하는 이유는 봄철에는 꽃과 나무가 무성하여야 한다.

- 기르는 일간의 경우는 지지(地支)에 진(辰)토가 있어야 길하고 없으면 자(子) 미(未)토가 있어도 길하다.

- 임(壬)수 용신(用神)자는 권력지향이며 공무원이 길하다.

- 무(戊), 기(己), 병(丙), 임(壬), 계(癸)수, 용신(用神)자는 배양의 신으로 양육지덕이 있다.

- 갑(甲)목과 을(乙)목은 배양을 받는 것이며 경(庚)금과 신(辛)금은 목(木)을 태워서 먹는 것이다.

- 용신(用神)이 미약하면 정신력 약하고 의존성이 강하며 생활력 나약하다.

- 비견 겁재 용신(用神)자 남자는 의존성이 강하며 여자는 첩(妾) 사주이다.

- 사주 명에 물이 없을 때 유연성이 없고 답답하다.

- 갑(甲)목 용신(用神)자 문과 체질이고 진(辰), 술(戌), 축(丑), 미(未), 사(巳)월 생은 토(土)를 세우는 토목업이 맞다.

- 을(乙)목 용신(用神)자는 의상학, 예술, 컴퓨터, 전자, 곤충, 생물학이 알맞다.

- 병(丙)화 용신(用神)자는 외국어, 광학, 광섬유, 음악, 무역업, 전기전자, 여름 가을 이후 태생은 문화적으로 살고자 한다.

- 정(丁)화 용신(用神)자 역사, 정치, 철학, 경(庚)금을 누르는 사주명은 이과나 군 복무가 알맞다.

- 무(戊)토 용신(用神)자는 스포츠, 체육대, 농산물, 축산업, 역사, 지리 등에 알맞다.

- 기(己)토 용신(用神)자는 장사, 언론업, 인쇄업, 목(木)이 있을 시에는 벽지 도배, 경(庚)금이 있을 때는 자동차, 철도업 종사가 알맞다.

- 경(庚)금 용신(用神)자는 공과, 사법시험, 검사 무관 군경에 많다.

- 신(辛)금, 임(壬)수와 계(癸)수가 있어 용신(用神)으로 할 때에는 공부

잘하고 수학자 기질이 우수하다.

- 지지(地支)가 차가우면 고생하고 경제력이 약하다.

- 사목(死木)은 고장이 없다.

- 비견 겁재가 있는 명이 인기가 있고 친구 형제가 길한 경우가 많고 귀한 명일 경우가 많다.

- 수(水) 용신(用神)자 조열 국이면 애로가 많다.

- 천간(天干)에 갑(甲) 병(丙), 지지(地支)에 인(寅), 진(辰)이 있는 자는 발전의 원신(元神)으로 본다.

- 화토(火土)가 흉신(凶神)이면 암(癌) 발생 가능성이 많다.

- 천간(天干)에 경(庚)금이 나올 때 화(火) 대운(大運)은 귀(貴)에 해당하며 병(丙), 정(丁)화가 없으며 경(庚)금이 있으면 요사할 가능성이 많다.

- 용신(用神)이 제 할 일을 할 때 능력을 발휘한다.

- 목화(木火)는 의존성이 강하고 토는 독립성이 강하다.

- 천간(天干)은 드러난 행동이나 발현을 나타내고 지지(地支)는 속마음 현실을 나타낸다.

- 음(陰) 일주(日柱) 음(陰) 용신(用神)자는 여성적이며 양(陽) 일주(日柱) 양(陽) 용신(用神)자는 남성적인 면이 강하다.

- 일지(日支)에 비겁인자가 있는 자는 의처증, 의부증 있다.

- 용신(用神)이 합되면 정신이 나간 상태이며 사기꾼 기질이 있다.

- 사주에서 삼합을 이루는 구조일 때 조직 활동력 강하다.

- 남편 일지(日支) 고장과 용신(用神) 고장이 동시에 올 때 사망 가능성 높다.

- 관재구설이 있을 때는 운에서 오는 글자를 극하거나 합시킬 때이다.

- 용신(用神)이 음양(陰陽)으로 여러 개 있을 때 사람을 떠보는 경향이 있고 직업이나 배우자가 많다.
- 여름 정(丁)화는 구체적인 계획 없이 될 대로 되라는 식이 강하다.
- 화(火) 용신(用神)자 땔감이 없을 때는 의존성이 강하다. 땔감이 많을 때 오만방자하다.
- 목화(木火) 용신(用神)자는 자기 사정이 넉넉해야 남의 돈을 갚는다. 신용이 없다.
- 토(土) 용신(用神)자는 독단적 성향이 강하고 독자노선 개인주의가 강하다.
- 화(火) 용신(用神)자는 직감이 있으나 눈치가 없다. 수(水) 용신(用神)자는 그 반대이다.
- 설기(洩氣)된 명(命)은 뒤 끝이 불분명하다. 남의 말 듣고 확인을 잘 안 한다.
- 사목(死木)은 신(申), 유(酉), 술(戌), 해(亥,) 자(子), 축(丑)으로 가면 길하고 오(午), 술(戌), 미(未) 중 한 글자가 있으면 더 길하다. 화(火)가 없으면 완전히 얼어붙는다. 인(寅) 대운(大運)은 흉(凶)하고 봄, 여름에 오(午), 술(戌), 미(未) 한 글자라도 없어야 길하다.
- 처(妻) 고장 운은 부부관계 애로, 직장 문제 혹은 사망할 가능성 있으니 별거하는 것이 좋다.
- 비겁위의 용신(用神)자는 유부남 사귀고 다른 여자에게 자신의 남자를 빼앗긴다.
- 무(戊), 기(己)토 일주(日柱) 목(木)이 없을 때 금(金) 용신(用神)을 광산 금으로 사용한다. 진(辰), 술(戌), 축(丑), 사(巳), 미(未)월에 금(金) 용신(用神)이 많다.

- 결혼 운은 천간 용신(用神)이 합되거나, 용신(用神) 운이거나, 일지(日支) 합 또는 일지(日支)가 필요로 하는 글자가 올 때 가능성 높다.

- 일지(日支) 용신(用神)인자 이혼이 쉽지 않고 잘 안 한다.

- 원국에서 금극목(金克木)으로 싸우는 환경은 교통사고가 많다.

- 연간(年干)이 합될 때 간판이 바뀌는 운이다. 직업 변화 모색한다.

- 토(土) 일주(日柱), 토(土) 대운(大運)에 살찌는 운이다.

- 흉(凶)을 제거한 명은 해결사나 군 경찰에 많다.

- 시지(時支) 용신(用神)이 일지(日支) 합 들어올 때 배우자로 인해 돈이 나간다. 직장상사와 불화한다.

- 춘(春)절생은 고장이 약하게 온다. 큰 것이 위험하고 작은 것이 덜 위험하다는 논리이다. 늦게 올 때 크게 작용한다.

- 원국에 용신 고장이 있을 때 고장 작용이 덜하고 일반적으로 길하다.

- 일반적으로 춘(春)절생이 병(丙)화가 없으면 말은 있으나 실천이 부족하고 병(丙)화를 찾아 밖으로 돌아다닌다.

- 수목(水木) 용신(用神)자는 돈이 있어도 부족하게 느낀다. 화려하게 해 놓고 살려 한다.

- 여름에 임(壬)수 용신(用神)은 겨울로 갈 때 놀고먹는다. 할일이 없다고 생각한다. 같은 이치로 기르는 일간에 병(丙)화, 용신(用神)은 역시 겨울로 갈 때 놀고먹는다.

- 정(丁)화 용신(用神)이 여름으로 갈 때, 작물을 태워 먹는 것으로 놀고먹는 거와 다르게 본다.

- 기르는 일간 갑(甲)목 대운(大運)인데 원국에 경(庚)금이 있거나 기(己)토가 있으면 갑(甲)이 빼앗겨서 배고픈 대운(大運)이다.

- 임(壬)수 용신(用神)자, 무(戊)토 보면 싸움을 좋아한다. 물이라 흘러야 하는데 무(戊)토 산이 막으니 싸우려는 성향이 나온다.
- 어느 일간이든지 갑(甲)목과 을(乙)목이 있어야 수확할 곡식이 있다고 본다.
- 가을 생 갑(甲) 병(丙)은 공짜를 좋아하고 대머리가 많다.
- 일지(日支) 비겁은 다른 사람이 배우자 궁을 보고 있다는 의미가 있다. 일지(日支) 비겁은 의처 의부증이 있다.
- 천간(天干) 임계(壬癸)수는 가난 걱정, 돈 걱정을 많이 한다. 무(戊)토로 제방하면 가난을 이긴 자이다.
- 여름 정(丁)화 일주(日柱) 남들이 싫어하여 왕따의 기질이 있다.
- 가을 을(乙)목은 국화에 해당하여 일반적으로 과부 홀아비가 많다. 운에서 올 때에도 작용한다.
- 신(辛)금에 임(壬)수를 보면 일반적으로 미인 미남이다.
- 경(庚)금에 정(丁)화를 보면 일반적으로 인물이 크다.
- 시간에 용신(用神)이 있으면 자수성가한다.
- 봄철생은 미래지향적이고 대다수 성공자가 많다.
- 일간 계(癸)수는 월간의 병(丙)화를 극하지 못한다. 이때 시간의 계(癸)수는 월간의 병(丙)화를 극한다.
- 자(子)운에 인(寅), 오(午), 술(戌), 미(未) 있는 자는 길하고 인물이 크다.
- 목(木) 일주(日柱)는 일반적으로 봄여름이 길하다. 목(木) 용신(用神)자는 수(水) 계절이나 화(火)운을 만나야 길하다.
- 금(金) 일주(日柱)는 여름이 길하고 금(金) 용신(用神)자는 금(金) 계절이나 토(土) 계절이 길하다.

- 수(水) 일주(日柱)는 봄여름이 길하고 인기가 있다. 수(水) 용신(用神) 자는 금(金) 계절이 길하고 수왕절(水旺節)에 길하다.
- 화(火) 일주(日柱)는 가을 겨울에 길하고 인기가 있다. 화(火) 용신(用 神)자는 목(木) 계절에 길하고 가을겨울에 불을 필요로 하니 길하다.
- 토(土) 일주(日柱)는 봄여름에 길하고 토(土) 용신(用神)자는 화(火) 운으로 가야 길하다. 진(辰), 술(戌), 축(丑), 미(未)토 운도 일반적으로 길하다.
- 여름생이 임(壬) 계(癸)수가 왕(旺)하면 몸이 아프고 돈 때문에 걱정을 한다.
- 시간 용신(用神)자 사회생활을 잘하고 공부나 능력 발휘를 잘한다.
- 여자 명 일시(日時)에 축(丑) 술(戌)이 있을 때 자녀 생산이 어렵고 낳 아도 기르기 어렵다.
- 일지(日支) 월지(月支)에 자(子), 오(午) 충일 때 부모형제 이별하거나 배우자 이별 많다.
- 자식 고장을 보유하고 있는 명은 자식이 없거나 낳아도 힘들게 한다.
- 합격하거나 사업이 성공을 할 때는 용신(用神)이 왕(旺)하고 대운(大 運)이 용신(用神)을 잘 받드는 시기, 세운이 길할 때이다.

4.3 천간(天干) 십간(十干) 글자의 합(合)을 푸는 관계

글자 간의 합(合)을 이룰 때 그 합(合)을 푸는 관계는 충(沖)이나 극(剋)하는 글자가 올 경우를 말하는데 글자 순서에 따라 달라질 수가 있으니 참고하기 바란다.

갑(甲)목을 이기는 것은 경(庚)금과 신(辛)금이요, 을(乙)목을 이기는 것은 신(辛)금이요, 경(庚)금은 합(合)한다.

병(丙)화를 이기는 것은 계(癸)수요, 임(壬)수는 이기지 못한다.

정(丁)화를 이기는 것은 계(癸)수요, 임(壬)수는 합(合)을 한다. 무(戊)토를 이기는 것은 을(乙)목이요, 갑(甲)목이다.

기(己)토를 이기는 것은 을(乙)목이요, 갑(甲)목은 합(合)한다.

경(庚)금을 이기는 것은 정(丁)화요, 병(丙)화는 위협만 하는 것이다.

신(辛)금을 이기는 것은 정(丁)화요, 병(丙)화는 합(合)을 한다.

임(壬)수를 이기는 것은 무(戊)토요, 기(己)토는 탁수(濁水)되고 정(丁)화는 합(合)을 한다.

계(癸)수를 이기는 것은 기(己)토요, 무(戊)토는 합(合)을 한다. 관계를 정리하면 다음과 같다.

일주(日柱)	월주(月柱)	연주(年柱)	
갑(甲)	기(己)	을(乙)	합(合)을 풀 수 있다
을(乙)	기(己)	갑(甲)	합(合)을 풀지 못 한다
병(丙)	신(辛)	정(丁)	합(合)을 풀 수 있다
정(丁)	신(辛)	병(丙)	합(合)을 풀지 못 한다
무(戊)	계(癸)	기(己)	합(合)을 풀 수 있다
기(己)	계(癸)	무(戊)	합(合)을 풀지 못 한다
경(庚)	을(乙)	신(辛)	합(合)을 풀 수 있다
신(辛)	을(乙)	경(庚)	합(合)을 풀지 못 한다
임(壬)	정(丁)	계(癸)	합(合)을 풀 수 있다
계(癸)	정(丁)	임(壬)	합(合)을 풀지 못 한다
기(己)	갑(甲)	을(乙)	경(庚)금으로 갑(甲)목을 극해야 합(合)이 풀린다
을(乙)	경(庚)	신(辛)	정(丁)화로 경(庚)금을 극해야 합(合)이 풀린다
신(辛)	병(丙)	정(丁)	계(癸)수로 병(丙)화를 극해야 합(合)이 풀린다

정(丁)	임(壬)	계(癸)	무(戊)토로 임(壬)수를 극해야 합(合)이 풀린다
계(癸)	무(戊)	기(己)	갑(甲)목으로 무(戊)토를 극해야 합(合)이 풀린다

4.4 난강망 통변 예제

1) 일지(日支) 용신(用神)자 이혼이 쉽지 않으며 정용신(正用神)을 두고도 사용하지 못하면 힘들다

곤(坤)명

庚	丁	癸	壬
子	巳	卯	辰

여명 묘(卯)월 정(丁)화로 천간(天干) 계(癸)수 임(壬)수가 흉(凶)이다. 원래 제철에 태어나지 못해서 부모 덕이 없다. 어린 시절은 인(寅)목 대운(大運)이라 본인은 부모 덕이 있다고 생각한다.

시간 경(庚)금은 정(丁)화에게는 정용신(正用神)으로 사용해야 하는데 계(癸)수에 정(丁)화가 죽어 경(庚)금을 녹이지 못한다. 녹여야 할 경(庚)금을 녹이지 못하는 본인 심정이 야속하고 불만이 있는 명조이다.

사람은 해야 할 일을 하지 못할 때가 더욱 힘든 법이다. 정 용신(用神)을 두고도 사용하지 못할 때에는 성질이 나쁘다. 욕을 하고 성질을 부린다.

용신(用神)으로는 계(癸)수를 잡아야 해서 무(戊)토를 사용한다. 사(巳) 중 무(戊)토를 용신(用神)으로 하고 일지(日支) 용신(用神)이라 남편 덕(德)이 있어야 하는데 기(己)해 대운(大運)부터는 사해(巳亥) 충으로 자주 다른 남자를 보게 된다.

운로가 흉(凶)하게 흘러가니 안정이 안 되고 기(己)토는 다른 사람의 남편이요 무(戊)토는 본 남편으로 해묘미(亥卯未)로 연간(年干) 진(辰)토를 치니 본 남자를 버리고 별거하는 운이다.

일지(日支) 용신(用神)자는 이혼이 쉽지 않는데 법적 이혼이 힘들어 집을 나와 여러 남자를 경험한다.

무술(戊戌) 대운(大運)에 여러 남자를 경험하나 좋은 남자들이 아니다. 자식 덕(德)은 토부목자(土夫木子)로 묘(卯)목이 흉신(凶神)이고 시간의 흉신(凶神)이라 자식 덕(德)도 없어 자식이 귀찮아하는 명이다. 세상살이 모두 싫어지고 숨이 막히는 환경으로 산으로 정처 없이 다닌다.

사주 명에서 용신을 구분할 때, 정용신(正用神)인가 아닌가를 구분하는데, 정용신(正用神)이라 함은 해당 일간에 정당한 글자를 용신으로 사용하는가를 의미한다. 예를 들면 갑(甲)목의 정용신(正用神)은 병(丙)화요, 경(庚)금의 정용신(正用神)은 정(丁)화요, 병(丙)화의 정용신(正用神)은 갑(甲)목, 임(壬)수 이런 형식이다.

사주 명에서 정용신(正用神)을 사용하는 구조이면 사람이 바르고 정당한 사고를 가지고 생활한다. 올바른 대의명분을 가지고 삶을 살아가기에 악한 행동이나 거짓된 행동을 하지 않으려 한다. 사람 됨됨이를 판단하는 기준으로 사용한다.

2) 무자식이 상팔자인 명은 자식 고장을 가지고 있는 명이다

庚	丁	壬	辛
戌	未	辰	巳

남자 명, 진(辰)월 정(丁)화로 시간 경(庚)금을 봤으나 정(丁) 임(壬) 합(合)이 되어 경(庚)금을 용신(用神)으로 사용하지 못한다. 역시 정용신(正用神)을 두고도 사용하지 못하니 속이 상하고 가끔 성질이 포악하게 변한다. 진(辰) 중 을(乙)목을 용신(用神)으로 한다.

신묘(辛卯) 대운(大運)은 묘(卯)운이 묘미(卯未) 합(合)으로 진(辰)토를 치니 가정이 힘들어지고 가운이 쇠퇴한다. 목(木)이 용신(用神)이라 목(木)이 왕(旺)해지니 똑똑해지고 공부가 잘된다.

경인(庚寅) 대운(大運)은 지지(地支)에서 인(寅)목이 길하게 들어오고 천간(天干) 경(庚)금 대운(大運)은 흉(凶)하게 가나 무술(戊戌)년에 무(戊)토, 경(庚)금, 정(丁)화가 조화를 이루어 육군사관학교에 합격하여 군 장교 길로 간다.

기축(己丑) 대운(大運)은 기(己)토가 탁수(濁水)되나 축(丑)토는 기(己)토 고장을 가지고 들어오는 것이라 탁수(濁水)되어 힘이 약하다. 축(丑)운도 미(未)에 축(丑), 미(未) 충으로 미(未)토가 이기는 것이니 힘들면서도 넘어 간다.

무자(戊子) 대운(大運)은 무(戊)운이 길한데 임(壬)수를 눌러 정(丁)이 경(庚)금을 녹이는 역할이 가능하니 인품이 좋아 보이고 길한 듯하나 자(子)수가 흉(凶)이라 자진(子辰) 합(合)으로 힘들게 산다.

정해(丁亥) 대운(大運)은 정(丁)화가 나의 비견이라 친구들과 다른 일을 해 보고 해(亥)수가 씨앗이라 자식을 심으려고 한다.

원국에서 목자수처(木子水妻)에 해당하는데 목(木)이 자식이나 미(未)토가 자식고장을 가지고 있어 남자 자식이 없다. 자식이 있어도 여자 자식이다.

자식고장이 있는 명은 자식이 없거나 양자를 들이더라도 자식이 속을 썩이는 경우가 흔하다.

이혼은 일간 뿌리가 일지(日支)에 있어 이혼이 힘들고 하더라도 힘들게 한다. 밖에서 바람을 피워도 이혼이 잘 안 되는 명이다.

3) 광산금 명은 재물복은 있으나 자식이나 배우자 덕(德)이 없는 경우가 많다

곤(坤)명

庚	戊	戊	乙
申	午	寅	未

여자 명, 인(寅)월의 무(戊)토 산이다. 지지(地支)가 인오(寅午) 합(合)으로 불이 났다. 불이 난 봄 동산에서 나무를 키울 수가 없으니 경(庚)금을 용신(用神)으로 하여 광산 금에 해당한다. 금부화자(金夫火子)로 지지(地支)의 신(申)금도 역시 용신(用神)으로 사용한다.

7세 기묘(己卯) 대운(大運)은 묘신(卯申) 합(合)으로 흉(凶)하고 건강이 안 좋고 공부가 불가하다.

17세 경진(庚辰) 대운(大運)은 용신(用神)이 오니 길하고 진(辰) 대운(大運)은 용신(用神) 합(合)으로, 토생금(土生金)이라 재미있고 보람 있는 운이다.

27세 신사(辛巳) 대운(大運)은 역시 금(金)이 와서 길하고 무난 발전하는 운이다. 37세 임오(壬午) 대운(大運)은 임(壬)수에 경(庚)금이 설기되고 오(午)운에 더운데 또 더우니 흉(凶)하다. 오(午)화 대운(大運)은 부도나는 운이다.

47세 계미(癸未) 대운(大運)은 계(癸)수가 와서 무(戊), 계(癸) 합(合)으로 본인이 힘들지만 임오(壬午) 대운(大運)보다는 낫다. 시간 용신(用神)이라 평생 본인이 일을 해야 하며 남편 덕(德)은 없다.

자식에서 용신(用神)을 사용하니 자식 덕(德)이 있고 아버지는 일간 비겁으로 상관없이 보통이며 어머니는 인(寅)이 오(午)화를 더 생해 주는 것으로 어머니 덕(德)이 있다고 못한다. 어머니 건강이 약하고 본인은 자식을 의지하며 살아간다.

일반적으로 광산 금을 사용하는 자는 남편 덕(德)이 없거나 자식 덕(德)이 없는 경우가 많다. 둘 중에 하나는 흉(凶)하게 작용하는 경우가 많으나 돈복은 있다.

4) 일지(日支) 동일 글자 많은 경우 바람을 피우는 경우가 많다

건(乾)명

庚	丁	乙	乙
戌	酉	酉	酉

남자 명, 유(酉)월 정(丁)화는 심지가 필요하다. 을(乙)목을 용신(用神)으로 하고 술(戌) 중 정(丁)화를 차용(次用)으로 한다. 목자수처(木子水妻)로 유(酉)금이 수처(水妻)의 글자라 처가 많아 바람을 피운다.

6대운(大運) 갑신(甲申) 대운(大運)에 갑(甲)은 을(乙)목이 용신(用神)인 경우 흉(凶)하고, 신(辛)금은 술(戌) 중 정(丁)화가 완전하게 막지를 못해 흉(凶)하다. 부모 환경이 좋지 않다.

16세 계미(癸未) 대운(大運)은 미(未)토가 정(丁)화 뿌리에 해당하고 유(酉)금을 누르니 공부를 하게 된다. 문제없이 집중이 잘 된다.

26세 임오(壬午) 대운(大運)은 유(酉)금을 완전하게 누르고 길하다. 아내를 얻고 재산이 늘어난다.

36세 신사(辛巳) 대운(大運)은 신(辛)금이 을(乙)목을 치니 쓸데없는 짓을 하고 사유(巳酉) 합(合)으로 금(金)이 왕(旺)하니 힘들다.

46세 경진(庚辰) 대운(大運)은 을(乙), 경(庚), 합(合)으로 용신(用神) 합(合)되어 하는 일마다 실패한다. 진(辰) 술(戌) 충으로 정(丁)화가 튀어 올라와 무엇이든지 할 듯한데 천간(天干) 용신(用神)이 합(合)되어 실패한다.

경진(庚辰) 대운(大運) 중 임신(壬申)년은 정(丁)일간과 합(合)되어 경(庚)금을 녹이지 못하니 흉(凶)하다. 계유(癸酉)년은 술(戌)이 유(酉)금을 눌러 임신(壬申)년보다는 나으나 보통이다. 갑술(甲戌)년, 술(戌)은 을(乙)목을 고장 들어가게 하고 갑(甲)이 와서 갑(甲)으로 달아나니 퇴직하는 운이다.

56세 기묘(己卯) 대운(大運)은 기(己)토는 을(乙)목이 해결하니 괜찮고 묘(卯) 운은 을(乙)이 묘(卯)목으로 내려와 좋을 듯하나 술(戌)토를 치고 유(酉)금에 상하니 흉(凶)하고 속상하다.

5) 지지(地支) 차가운 자 더운 운에 해외로 나간다

辛	壬	丁	甲
亥	申	丑	寅

대운

37	27	17	7
癸	甲	乙	丙
酉	戌	亥	子

축(丑)월 임(壬)수로 축(丑)월이라 정(丁)화 갑(甲)목을 용신(用神)으로 사용한다. 임(壬)수가 정(丁)화를 합(合)하여 겨울에 데워진 물로서 지지(地支)가 차도 나쁘다고 보지 마라.

겨울에 불이 없으면 데워진 물로 쓸모가 있으니 길하게 작용한다. 갑(甲)목 용신(用神)으로 을해(乙亥) 대운(大運)에 갑(甲)이 을(乙)을 보니 짜증이 난다. 쓸모 있는 남자가 아니다. 짜증을 부린다. 사귀는 남자마다 짜증 잘 부린다고 말한다.

갑술(甲戌)년에 사귀던 남자 결혼이 안 되었다. 일지(日支) 신(申)금이 흉신(凶神)으로 갑(甲)목이 남편인데 덕(德)이 없다. 잘 심지를 못한다.

갑술(甲戌) 대운(大運), 을유(乙酉)년에 유(酉)가 술(戌)토에 제어가 되어 일지(日支)에 심긴다. 다른 남자들 모두 헤어진 후 결혼이 되었다. 대운(大運)이 세운을 제어하여 가능하다.

정(丁), 임(壬), 합(合)으로 아버지가 길하게 작용하고 실제 아버지는 의사다. 아버지는 시간의 신(辛)금을 눌러 활인지명이 있다.

시지의 해(亥)수와 일지(日支)의 신(申)금 관계는 해(亥)수 씨앗을 신(申)금이 버린 것이다. 그러므로 다른 남자들과 연애를 많이 했다. 지지(地支)가 차니 술(戌)토 대운(大運)에 해외여행을 많이 한다. 더운 운에 변화하려는 성향이 강하다.

6) 일지(日支) 글자가 상할 때 남편이 사망하거나 집을 나간다

곤(坤)명

乙	壬	甲	乙
巳	寅	申	未

대운

己	戊	丁	丙	乙
丑	子	亥	戌	酉

여자 명 신(申)월 임(壬)수다. 가을철이라 인(寅) 중 병(丙)화를 용신(用神)으로 한다. 미(未) 중 을(乙)목도 사용하며 을유(乙酉) 대운(大運)은 흉(凶)하다.

병술(丙戌) 대운(大運)은 인술(寅戌) 합(合)으로 화(火)가 강해지고 병(丙)화 오니 길하다.

정해(丁亥) 대운(大運)은 정(丁), 임(壬) 합(合)되고 해미(亥未) 합(合)으로 금목 상전(金木相戰)되어 흉(凶)하다. 이때 신(申)금은 인(寅)목을 더 치니 흉(凶)하다. 원국에서 미(未)토가 신(申)금을 제어하다가 해미(亥未) 합(合)으로 제어를 잠시 멈추면 신(申)금은 인(寅)목을 친다.

화부수자(火夫水子)로 일지(日支) 인(寅)목이 신(申)금과 충 될 때 상하여 남자가 사망 한다. 해묘미(亥卯未)년마다 남자가 한 명씩 사망하였다. 재물은 정(丁)화 대운(大運)이고 용신(用神) 운이라 돈은 있다.

무자(戊子) 대운(大運)은 자미(子未)로 길하고 신(申) 흉신이 자(子)수에 빠지니 살 만하다.

기축(己丑) 대운(大運)은 을(乙)목으로 기(己)토를 제어하나 사축(巳丑) 합(合)으로 흉(凶)하다.

7) 용신(用神)을 극할 때 남편이 멀리 가 버린다

곤(坤)명

庚	壬	乙	戊
子	寅	卯	戌

대운

庚	辛	壬	癸	甲
戌	亥	子	丑	寅

여자 명, 인(寅) 중 병(丙)화 용신(用神)이다. 지지(地支)의 술(戌)토는 차용(次用)이다. 시지의 자(子) 중에 계(癸)수가 병(丙)화를 상하게 하니 직장을 다니면서 순결을 잃는다. 갑인(甲寅) 대운(大運)은 길하다.

계축(癸丑) 대운(大運)은 흉(凶)하다. 임자(壬子) 대운(大運)에 결혼하고 신해(辛亥) 대운(大運)에 이혼수다. 경술(庚戌) 대운(大運)은 길하다. 기르는 일간으로 을묘(乙卯) 목(木)은 부덕이 없다.

첫사랑은 부모가 반대하고 신경성 위장병이 있다.

임(壬) 일주(日柱)는 봄에 물을 준다고 끼가 있고 남자들이 따른다. 인

(寅), 묘(卯)월, 임(壬) 일주(日柱)에 한해서 경(庚)금은 물을 내야 함으로
흉신(凶神)이 아니다.

경술(庚戌) 대운(大運)은 인술(寅戌) 일지(日支) 합(合)으로 본 남편과 합
(合)해서 잘 산다. 경(庚)금, 임(壬)수는 기계계통 직업이 알맞다.

계축(癸丑) 대운(大運)은 천간(天干)에서 무(戊)토도 사용하니 계(癸)수
가 오면 무(戊), 계(癸), 합(合)으로 남자 실패, 축(丑)토가 얼려버리니 고생
한다.

신해(辛亥) 대운(大運)은 해미(亥未) 합(合)으로 술(戌)토를 극하니 흉
(凶)하다. 남편과 헤어지든지 멀리 가 버린다. 술(戌)토는 돈 투자하다가 망
한다.

8) 묘(卯)월 경(庚)금 일주(日柱) 한 여자로 해로가 어렵다

건(乾)명

丙	庚	己	庚
戌	戌	卯	子

대운

丙	乙	甲	癸	壬	辛	庚
戌	酉	申	未	午	巳	辰

남자 명, 묘(卯)월 경(庚)금으로 아직은 어린 금(金)이다. 겉은 강하나 내
면은 약하고 어리다. 병(丙)화를 용신(用神)으로 하고 태양이 시간에 있으니
밝고 명랑하다. 기(己)토가 경(庚)금에 있어서 기미, 흠이라 얼굴에 기미가
있다. 아버지 자리가 기(己)토 흉(凶)이므로 나에게 흉(凶)한 역할을 한다.

신사(辛巳) 대운(大運)은 용신(用神)이 합(合)되어 공부가 안 되고 임오(壬午) 대운(大運)은 태양에 임(壬)수 바다를 보니 길하다.

계미(癸未) 대운(大運)은 묘미(卯未)로 술(戌)토를 치니 아내가 힘들어 이혼하자고 한다. 일지(日支)의 글자가 술(戌)이라 한 여자로 해로가 어렵다. 계(癸)수가 병(丙)화를 치나 기(己)토가 쳐주니 나중에 해결되어 넘어 간다.

9) 지지(地支) 차가운 자 따뜻한 대운(大運)이 오면 살 만하다

丁	丙	甲	癸
酉	子	子	丑

대운

60	50	40	30	20	10
戊	己	庚	辛	壬	癸
午	未	申	酉	戌	亥

자(子)월 병(丙)화로 추운 겨울에 병(丙)화가 힘을 못 쓴다. 갑(甲)목을 키워야 하나 제대로 안 된다. 토(土)를 용신(用神)으로 해야 하나 없으니 정(丁)화를 사용한다. 조상의 글자가 계(癸)수로 흉(凶)하고 겨울 태양이 고구마 장수 역할을 하는 격으로 떨면서 일하는 형상이다.

임술(壬戌) 대운(大運)은 집안이 길하고 환경이 길하다. 술(戌)토가 자수를 제어해 따뜻하고 경신(庚申) 대운(大運)은 정(丁)화가 할 일이 있어 길하다. 직장으로 나간다.

신유(辛酉) 대운(大運)은 차가운 운(運)이라 하는 일이 잘 안 된다. 무오

(戊午) 기미(己未) 대운(大運)은 따뜻한 운(運)이 오니 돈을 벌고 환경이 길하다. 병(丙)화가 치사하지만 정(丁)화를 사용하며 의존하는 것이다.

10) 일지(日支)가 합(合) 되어 오는 운에서 배우자가 바람을 피운다

건(乾)명

甲	己	乙	戊
戌	卯	卯	申

대운

49	39	29	19	9
庚	己	戊	丁	丙
申	未	午	巳	辰

남자 명, 묘(卯)월 기(己)토이다. 을(乙)목이 무(戊)토를 상하게 하지만 무(戊)토 용신(用神)으로 토자화처(土子火妻)에 해당한다. 아내 궁은 목극토(木克土)로 좋지 못하다. 일지(日支) 묘(卯)가 무(戊)토의 뿌리인 술(戌)토를 극하니 흉(凶)하다. 연지(年支) 신(申)금과 묘신(卯申) 합(合)으로 나쁘나 흉신(凶神)인 묘(卯)를 합(合)하니 길하게 변한다. 즉, 신(申)금은 약신(藥神)이 된다.

정사(丁巳) 대운(大運)에 사(巳)화가 약신(藥神)인 신(申)금의 생지(生地)로 강하게 묘(卯)를 잡아 길하다. 무오(戊午)년에 오(午)화는 신(申)금과 수용관계로 길하게 되어 묘(卯) 잡는 일을 약하게 함으로 다소 흉(凶)하다.

계미(癸未)년은 묘미(卯未) 합(合)으로 아내가 바람을 피울 가능성이 있고 천간(天干)에 무(戊), 계(癸), 합(合) 지지(地支)에서 묘미(卯未) 합(合)으로 술(戌)토를 치니 본인은 힘들다. 실제 바람피우고 돈을 갖고 도망갔다.

기미(己未) 대운(大運)은 묘미(卯未) 합(合)으로 술(戌)토를 치고 힘들어 아내 때문에 못 살겠다고 한다. 기(己)토 일주(日柱)가 갑(甲)목을 볼 때, 밭이 나무를 누워 열매를 따 먹은 형상이다. 주로 남을 홀려 먹는 성향이 강하고 여명인 경우는 여우 짓을 한다. 횡재수도 있다. 아버지가 사업으로 돈이 있어 어릴 때는 부자였지만 운에서 돈을 날리고 있다.

11) 비견 글자가 올 때 남에게 의존한다

乙	壬	甲	壬
巳	辰	辰	子

대운

辛	庚	己	戊	丁	丙	乙
亥	戌	酉	申	未	午	巳

남자 명, 진(辰)월 임(壬)수라 갑(甲)목을 용신(用神)으로 한다. 목자수처(木子水妻)에 해당하며 여자를 많이 찾는다. 사주 구조상 임(壬)수가 둘이요, 진(辰)토가 둘이라 무엇을 하든 항상 두 개의 개념이 있다. 내부에 임(壬)수가 갑(甲)목을 갖고 나는 을(乙)목을 가진 꼴이니 좋을 것은 없다. 갑(甲)이 을(乙)보다 더 좋은 연유이다.

내부 비견으로 아버지 형제가 내 것을 빼앗아 가는 것이고 수처(水妻)인 글자에서 임(壬)수가 비견으로 유부녀를 사귄다. 여자를 사귀어도 그 여자는 다른 남자가 좋다고 가 버리는 경우가 흔하다.

을(乙)목이 만화, 그림, 예술에 해당하니 웹디자인을 하고 있다. 병오(丙午) 대운(大運)은 길하고 정미(丁未) 대운(大運)은 용신(用神) 고장이라 아버지는 흉(凶)하고 을(乙)목은 용신(用神) 고장으로 볼 수가 없다.

을(乙)은 패션 유행성으로 일정 기간이 지나 버리면 쇠퇴하여 버리는 것이다. 일을 해도 계약직에 해당되고 내가 두목이 될 수가 없다.

기유(己酉) 대운(大運)은 을(乙)이 유(酉) 대운(大運)에서는 떨어지는 낙엽에 해당된다. 임진(壬辰) 일주(日柱)가 양(陽)으로 갑진(甲辰)과 비교하여 갑진(甲辰)만큼은 못하나 길한 여자가 온다.

무신(戊申) 대운(大運)은 목(木)을 사용하는 명(命)에서는 가을걷이로 길하게 작용한다.

12) 신(辛)금은 임(壬)수 하나로 족하다

건(乾)명

壬	辛	壬	庚
辰	未	午	戌

대운

戊	丁	丙	乙	甲	癸
子	亥	戌	酉	申	未

오(午)월 신(辛)금으로 더운 여름에 보석이 쓸모가 없는 듯하나 임(壬)수가 있어 쓸 만한데 임(壬)수 하나로 족하다. 그러나 다시 임(壬)수가 오니 과욕으로 들어온다.

수자금처(水子金妻)에 해당되어 신(辛)금 유(酉)금에서 여자가 온다. 정

용신(正用神)이라 분별이 있고 제대로 생각하는 여자를 원한다. 을유(乙酉)년에 비견 겁재로 여자를 거부하고 지지(地支)의 오술미(午戌未)는 집안 원조가 길하게 작용하고 임진(壬辰) 시간에 임(壬) 용신(用神)이 진(辰)토에 숨을 곳이 있으나 미(未)토가 임(壬) 용신(用神)에 흉(凶)한 글자라 아내는 흉(凶)한 여자이다.

정해(丁亥) 대운(大運)은 해미(亥未) 합(合)되어 진(辰)으로 도망가는데 이는 해미(亥未) 합(合)이 아내에 해당하는 위치라 진(辰)은 밖의 글자이므로 처(妻)가 나가는 것이다.

13) 부모도 역할이 나쁘면 떨어져 사는 것이 현명하다

건(乾)명

己	癸	庚	癸
未	未	申	亥

신(申)월 가을철의 계(癸)수라 천덕꾸러기이다. 천간(天干) 기(己)토는 나를 잡아 주는 면이 있어 흉신(凶神)은 아니다. 경(庚)금이 계(癸)수를 생하니 흉신(凶神)이고 기(己)토를 잡고 경(庚)금을 잡기 위해 미(未) 중 을(乙)목을 용신(用神)으로 한다.

운이 봄여름으로 갈 때 가을비는 인기가 있다. 봄여름에 비가 환영을 받을 수 있다.

기(己)토는 지지(地支) 미(未) 중에서 뿌리를 두고 있어 을(乙)목이 기(己)토를 완전하게 치지는 못한다. 직장에 들어갈 때도 집안에서 원조가 있어야 길하다.

운이 가을 겨울로 갈 때는 미(未) 중 정(丁)화를 용신(用神)으로 하는데 정(丁) 계(癸) 충이 되면서 성질은 나쁘다.

지지(地支)의 신(申)금이 쳐서 미(未) 중 정(丁)화를 더욱 그리워하고 신(申)금은 어머니 자리라 어머니와 불화가 있다.

목자수처(木子水妻)로 수처(水妻)에 해당되며 미(未)토 일지(日支)는 여자가 없을 듯하나 미(未) 중 을(乙)목이 나와 여름 운에는 가을 계(癸)수로 인기가 많다. 수처(水妻)가 미(未)토를 극해 아내 덕(德)은 없다.

신(申) 중 임(壬)수, 미(未) 중 을(乙) 정(丁)으로 어머니가 여자를 떼어내기가 바쁘다. 어머니가 내게 좋은 역할이 아니다. 아버지는 경(庚)금으로 여름 대운(大運)에는 물이 필요하니 돈을 대주는 역할로 필요하지 실제 관계는 좋지 못하다. 부모가 모두 나에게 나쁜 역할을 하니 떨어져 사는 것이 현명하다.

정사(丁巳) 대운(大運)에 충이 나면서 미(未) 중 을(乙)목과 사(巳) 중 경(庚)금이 금목상전(金木相戰)되어 흉(凶)하다.

14) 나쁜 글자가 오더라도 원국에서 해결할 글자가 있으면 길하다

건(乾)명

壬	癸	癸	丁
子	卯	卯	卯

61	51	41	31	21	11	1
丙	丁	戊	己	庚	辛	壬
申	酉	戌	亥	子	丑	寅

묘(卯)월 계(癸)수로 화토(火土)를 용신(用神)으로 하는데 토(土)가 없어 정(丁)화를 사용하나 계(癸)수에 죽어 못쓴다. 정(丁)화 역시 뿌리가 없어 약하다.

사용할 용신(用神)이 없다고 용신(用神)이 없는 사주는 없다. 할 일이 없을 때 월지(月支) 제강으로 묘(卯)목을 용신(用神)으로 한다.

신축(辛丑) 대운(大運)은 추운데 자(子)수는 축(丑)에 얼러서 오히려 길하다. 경자(庚子) 대운(大運) 흉(凶)하고 기해(己亥) 대운(大運) 기(己)토가 계(癸)수를 극하고 해묘(亥卯) 합(合)이 목(木)으로 변하니 길하다. 시간에서 탁수(濁水)되는 것은 있다.

무술(戊戌) 대운(大運)은 무(戊)토가 길하나 무(戊), 계(癸), 합(合)으로 자신도 묶이고 흉(凶)도 묶이니 보통일 듯하나 술(戌)토에 용신(用神) 묘(卯)목이 고장 들어가니 흉(凶)하다.

무술(戊戌) 대운(大運) 중 계축(癸丑)년에 다시 계(癸)수가 와서 합(合)하니 흉(凶)하다. 일간이 묶이는 환경에서 감옥에 갈 경우가 있다. 을묘(乙卯)년에 용신(用神)이 와서 감옥에서 풀려나 공사 사장으로 영전하다.

정유(丁酉) 대운(大運)은 정(丁), 임(壬), 합(合)으로 목화(木火)되어 정(丁)화 돈이 들어오나 합(合)되어 돈에 관련한 뇌물 사건에 걸릴 수 있다. 유(酉)금은 묘(卯)목을 치나 그 이전에 시지(時支) 자(子)수에 빠지니 금생수

(金生水), 수생목(水生木)으로 길하게 작용한다.

병신(丙申) 대운(大運)에 병(丙)화가 와서 길하나 묘신(卯申) 합(合)으로 흉(凶)한듯하나 신자진(申子辰) 수국(水局)으로 자(子)수가 방어를 한다. 길하게 작용한다. 항상 모략에 빠질 듯하나 넘어가는 것은 원국에서 해결하는 글자를 가진 경우에 해당된다.

15) 필요한 계절에 태어난 명이 인기가 있다

건(乾)명

己	丁	戊	乙
酉	卯	子	亥

대운

壬	癸	甲	乙	丙	丁
午	未	申	酉	戌	亥

자(子)월 정(丁)화로 무(戊)토가 용신(用神)이다. 겨울바람은 심지도 중요하지만 바람을 막는 것이 먼저다. 을(乙)목으로 무(戊)토를 치기는 하지만 바람을 막고 을(乙)목을 땔감으로 사용하면 길하다.

병술(丙戌) 대운(大運)에 술(戌)토, 을(乙)목이 고장 들어가서 길하게 작용한다. 무(戊)토 역시 고장 들어가나 변화하면서 공부하는 운이다.

을유(乙酉) 대운(大運)은 흉(凶)하고 계미(癸未) 대운(大運)은 기(己)토가 계(癸)수를 쳐주고 묘미(卯未) 합(合)으로 목(木)으로 변해 길하다.

아내 자리 글자가 묘(卯)목인데 묘(卯)목이 올라와 을(乙)목이 무(戊)토를 치니 아내는 나의 용신(用神)을 치는 악한 아내이다.

임오(壬午) 대운(大運)은 기(己)토 탁수(濁水)가 먼저 되어 돈에 관련된 문제가 발생한다.

갑신(甲申) 대운(大運)은 그런대로 길하게 넘어간다. 신(申)금은 지지(地支)가 찬데 더욱 차가운 글자가 오니 정신적인 공부를 한다.

자(子)월 정(丁)화는 필요할 때 불이므로 남에게 인기가 있다. 가을 겨울 대운(大運)에 더욱 인기가 있다.

16) 일간 합(合)되고 용신(用神)이 합(合)될 때 우울증 심하다

곤(坤)명

癸	戊	甲	戊
丑	辰	子	申

대운

己	庚	辛	壬	癸
未	申	酉	戌	亥

여자 명, 자(子)월의 무(戊)토이다. 천간(天干)에 무(戊)토를 용신(用神)으로 하고 무(戊) 계(癸) 합(合)으로 깨려는 갑(甲)목이 있어 아버지가 좋지 않은 일을 하지 말라고 말리는 명이다. 일지(日支) 진(辰)토는 길한데 축(丑)토에 상한 글자라 흉(凶)하다. 남편 덕(德)이 좋지 못하다.

경(庚)금 대운(大運)에 갑(甲)목을 치고 말리던 갑(甲)목이 쓰러져 버린 것이다. 경(庚)금에 무(戊)토가 설기되어 힘이 빠진다. 힘들다. 용신(用神)이 힘이 빠지고 일간도 힘 빠지니 힘든데 무자(戊子)년 합(合)된 운에 다시 합(合)이 오니 더욱 힘들다. 우울증이 심하여 결국 자살로 이르렀다.

17) 자기 역할에 필요한 글자가 올 때 최고의 운이다

건(乾)명

甲	癸	壬	辛
寅	酉	辰	亥

대운

丙	丁	戊	己	庚	辛
戌	亥	子	丑	寅	卯

진(辰)월 계(癸)수로 봄비에 해당한다. 누구나 환영하고 환경이 이롭게 작용하니 길한 구조이다. 성정은 냉정하고 약고 자존심도 강하며 남에게 지기 싫어하며 자신을 위해서는 모든 방법을 다한다.

진(辰)월 계(癸)수는 병(丙)화를 가지고 갑(甲)목을 기르는 역할을 한다. 운로에서 만나면 길하다. 갑(甲)목이 있으니 병(丙)화가 올 때 최고 길하고 갑(甲), 병(丙) 중 한 자만이라도 가졌으니 중부는 한다.

대운(大運)이 가을 겨울비로 가니 사람이 차고 냉정하고 말이 없는 구조로 변한다. 기축(己丑) 대운(大運)은 계(癸)수를 극하고 갑(甲)목을 합(合)하니 가졌던 재물을 합(合)해서 무소득(無所得)이요, 축(丑)토는 인(寅)목을 치니 흉(凶)하다.

진(辰)월 계(癸)수는 이슬비로 낭만이 있고 생기가 있고 자비로운 비에 해당한다. 봄철 계(癸)수로 주변 환경이 그를 필요로 하는 때 태어나 부모 사랑을 받고 자라며 어디를 가든지 환영받는다.

일지(日支) 유(酉)금이 흉(凶)한데 진(辰)토가 유(酉)금을 잡아 다행이다. 용신(用神) 뿌리인 인(寅)목을 치는 구조인데 유(酉)금이 진(辰)토의 역할로 강하게 치지 못한다. 인물이 화려하고 여색을 좋아하며 여자들에게 인기가 있다.

술(戌) 운에 진(辰) 술(戌) 충은 흉(凶)하며 욕심으로 인해 원망을 살 수 있다. 무(戊)토가 오면 무(戊), 계(癸), 합(合)으로 일 수행이 어렵고 자(子) 대운(大運)은 자(子)수가 금(金)을 설기(洩氣)하고 인(寅)목을 생하니 길하다.

정(丁)화 대운(大運)은 내 경쟁자를 합(合)하고 친구를 합(合) 한 것이라 넘어가고 해(亥)수는 보통인데 해미(亥未) 합(合)으로 진(辰)토를 칠 때는 흉(凶)하다.

병술(丙戌) 대운(大運)은 길하나 술(戌)이 진(辰) 술(戌)충과 인(寅) 술(戌) 합(合)으로 가정이 불안하고 투자하는 일마다 허망하게 끝나 버릴 수 있다. 욕심 부리지 말고 경거망동을 피하면 길하다.

18) 여자 명 목(木) 용신(用神)에 일지(日支)가 금(金)이면 홀로 산다

곤(坤)명

己	丁	乙	壬
酉	巳	巳	寅

대운

庚	辛	壬	癸	甲
子	丑	寅.	卯	辰

여자 명, 사(巳)월 정(丁)화는 심지가 우선이다. 을(乙)목을 용신(用神)으로 하나 을(乙)목이 임(壬)수에 젖어 정신이 미약하다. 목부금자(木夫金子)로 금(金)이 일지(日支)에 앉아 있으니 선은 많이 보나 결혼은 성사가 안 된

다. 경오(庚午)년에 금(金)을 오(午)화가 깨서 결혼이 가능하다.

갑진(甲辰) 대운(大運)은 갑(甲)목은 용신(用神)이 비행하여 합(合)하고 진(辰)토는 기르는 일간이 아니라 인(寅)목과 사(巳)화간의 협상력을 발휘하고 예쁘며 머리가 똑똑하다.

계묘(癸卯)운은 계(癸)수는 기(己)토가 잡아 넘어가나 묘(卯)는 용신(用神) 뿌리인 인(寅)목과 사(巳)화의 싸움으로 상관없다. 사유축(巳酉丑)년은 흉(凶)하고 해묘미(亥卯未)년은 유사(酉巳)에 상한다.

임인(壬寅) 대운(大運), 임(壬)수는 탁수(濁水)되어 몸을 버리고 인(寅)목은 돈이다. 돈은 들어오나 원국에서 진(辰)토가 없으니 축적을 못해 모두 다 쓴다. 인(寅) 중 병(丙)화가 있어 나는 정(丁)화가 아니라 위대한 불도 있다고 뻥을 친다.

신축(辛丑) 대운(大運) 신(辛)금은 을(乙)목을 치니 몸이 아프고 병(丙)이 난다. 축(丑)은 사유축(巳酉丑)으로 인(寅)목을 치니 흉(凶)하고 부부 불화로 이혼한다.

경자(庚子) 대운(大運)은 경(庚)금이 흉(凶)하고 일간 정(丁)화가 제어하지 못한다. 용신(用神) 을(乙)목이 먼저 합(合)한다. 흉(凶)하다.

19) 아내, 처(妻) 고장 운에는 별거하라

부부 인연을 맺고 살아가다 어느 날 갑자기 남편이 운명을 달리하거나 병들어 힘든 삶을 지속하는 경우가 종종 있다. 순수한 사랑을 하고 연애를 하는 달콤한 시간을 지나 부부 인연으로 아이 낳고 행복하게 살아가는 시간이 영원히 이어지면 좋으련만 누구나 시련은 닥치게 되고 그 시련을 이겨내느

냐 회피를 하게 되느냐는 개인의 처한 환경, 사고방식과 행동에 달려 있다.

　살다가 시련이 올지 미리 알 수는 없을까? 미리 안다면 피할 수 있을까? 여기에 필자는 두 질문 모두 "그렇다."라고 말하고 싶다. 다르게 생각하고 바라보면 그런 질문에 예스라고 말하는 것이 건방진 말이라고 생각해 보지만 인간은 환경 속에서 살아가고 행과 불행이 이루어지는 속에서 자신들의 업을 풀어 가는 과정이라면 미리 알고 대처하려는 노력을 나쁘게만 바라볼 수 없는 것 아닌가? 만약 신이라면 그런 인간의 생각과 행동에 방해를 할 것인가? 도움을 줄 것인가?

　사주 명에서 여자인 경우 용신(用神)이 고장 들거나 일지(日支) 고장 드는 경우 남편이 직장을 그만두거나, 이동하거나, 다치거나, 심하면 사망할 수 있는 것이다. 반대로 남자 명인 경우도 같은 논리에 적용이 되나 남자인 경우 여자보다 고려해야 하는 면이 적고 적용되는 면도 좁거나 같다. 글자가 고장에 들어가는 시기는 역학을 하는 사람이나 책을 보고도 어렵지 않게 알 수가 있다. 그러나 문제는 용신(用神)이다. 이 용신(用神)을 정확하게 아는 것이 중요하다.

　일반 철학을 하는 사람들 대부분 용신(用神)을 정하는 것이 제각각이며 어렵다. 보는 사람마다 용신(用神)이 다르다는 데 문제가 있고 헷갈리게 하는 것이다. 일례로 역학을 수십 연간(年干) 해 온 역학계의 모 회장님도 자신의 용신(用神)을 잘못 알아서 아무리 적용을 해도 맞지를 않아 사주는 없는 것 같다고 생각하다 70세가 넘어서야 자신의 용신(用神)을 알고 인생 헛되이 보냈구나 회고하는 것을 본 경험이 있다.

　사주에서 용신(用神)은 인생의 핵심이요, 풍수지리의 혈에 해당한다. 사람의 정신을 지배하고 돈, 재물에 해당하며 직장이요, 마음이요, 고향이요 모든 것이다.

곤(坤)명

戊	乙	壬	壬
寅	巳	寅	午

대운

甲	乙	丙	丁	戊	己	庚	辛
午	未	申	酉	戌	亥	子	丑

여자 명, 초봄의 을(乙)목 화초로 태어나니 필요한 것은 태양이라. 인(寅) 중 병(丙)화를 용신(用神)으로 한다. 인(寅) 중 병(丙)화 용신(用神)이 오(午) 화에 타고 있어 무력하다. 능력이 미력하니 하는 일이 미비하다.

인(寅)목에서 사용하는 용신(用神)이 오(午)화에 합(合)되어 남이 가진 병(丙)화로써 다른 사람의 남편에 해당하여 어려서부터 유부남을 사귀고 지지(地支)가 조열하니 수(水)를 갈구하여 색을 갈구한다. 연애를 많이 한다.

인(寅)목은 재산인데 진(辰)토가 없어 안착을 못하니 마음이 불안하고 병(丙)화가 명랑하지 못하니 말만 있지 일이 풀리지 않는다. 병(丙)화를 희구하니 밖으로 나돌아 다닌다. 용신(用神)이 분소되어 어릴 때 몸이 아프고 병약하다.

남편 궁은 사(巳)화로 인(寅)목에게는 좋지 않은 인자로 부(夫) 궁이 산란하다. 무(戊)토가 재물에 해당하는데, 인(寅)월에 무(戊)토가 유력하니 힘이 있다. 따라서 재물을 희구하고 결실의 인자이니 축적만 하고 쓰지를 못하는 인색한 사람이다.

내 몸이 을(乙)목인데 인(寅)목이 무(戊)토 아래에 있고 인(寅) 중에 갑(甲)목이 비견 동주라 남의 남편, 남의 재물에 해당하니 모두 훔친 것에 해당한다. 남편도 재물도 남의 것을 훔친 것이다.

이처럼 사주명은 용신(用神)을 위주로 모든 것을 파악할 수 있어 사주에서 주요한 핵심이 되는 것이다. 어떤 용신(用神)을 사용하는 가에 따라 사람의 성정이나 앞으로의 하는 일 등을 알 수 있는 요체가 되는 것이다.

사주 명에서 용신(用神)이 고장에 들어가면 남편이 아프거나 교통사고 등을 경험하게 되는데 어떻게 대처하는 것이 좋은가? 이 물음에 본 필자는 그동안의 경험과 들은 바에 따라 몇 가지 제시하고자 한다.

고장이 들어가기 전부터 별거를 권한다. 별거 하면서 조심스럽게 사는 것이 위기를 피하는 길이다. 만일 별거하기 어려우면 급한 대로 각자 방을 따로 사용하기를 권한다. 이는 별거 하는 것보다는 작용이 미약하지만 방을 따로 사용하게 되면 흉(凶)한 작용이 덜할 것으로 사료된다.

사주 명에서 분명히 흉(凶)한 작용이 있었을 법한데 무난히 지나왔다면 분명히 그 기간에 주말 부부를 하였거나 떨어져 있는 경우가 대부분이었다.

또 한 가지의 방법은 아내의 고장에 아내가 직업을 가지면 넘어갈 수 있다는 것이다. 직업도 없고 별거도 하지 않고 집안에 있으면 남편이 사망하거나 다치는 경우가 많으니 조심해야 한다.

난강망 명리학 중고급편을 이즈음에서 마무리를 하고자 한다. 기본편에 이어 용신론과 전투론을 소개하고자 하는 것이 주요한 목적이기에 내용은 충분히 전달되었다고 생각한다.

중고급편이라고 한 이유는 내용 중에서 상세한 설명을 요하는 부분이 몇 군데 있고, 지지(地支) 전투론과 함께 고급 편에서 다룰 내용 일부가 포함된 연유다.

사주추명의 깊은 묘미는 지지(地支)의 전투론에 있다. 천간(天干)은 이상 이요, 지지(地支)는 현실인 점을 감안할 때, 지지(地支) 전투론을 알아야 사주추명을 완성할 수 있을 것으로 본다.

근 시일에 지지(地支) 전투론을 소개한다고 말씀드리면서 이만 줄인다.

참고 문헌

1. 《구전명리학 난강망》, 형설출판사, 이진우, 2010

2. 《난강망 지지 노트》, 한동수, 1990년대로 추정됨

3. 《난강망 대운 노트》, 한동수, 1990년대로 추정됨

4. 두산백과, 네이버 지식사전

전통구전명리학 난강망

〈중고급편〉

ⓒ 이진우, 2018

초판 1쇄 발행 2018년 9월 23일

지은이   이진우
펴낸이   이기봉
편집   좋은땅 편집팀
펴낸곳   도서출판 좋은땅
주소   경기도 고양시 덕양구 통일로 140 B동 442호(동산동, 삼송테크노밸리)
전화   02)374-8616~7
팩스   02)374-8614
이메일   so20s@naver.com
홈페이지   www.g-world.co.kr

ISBN   979-11-6222-696-4 (03180)

이 도서의 국립중앙도서관 출판시도서목록(CIP)은 서지정보유통지원시스템 홈페이지(http://seoji.nl.go.kr)와 국가자료공동목록시스템(http://www.nl.go.kr/kolisnet)에서 이용하실 수 있습니다. (CIP제어번호 : CIP2018028668)